基于服务消费的消费者幸福感形成机制研究

胡 洋 著

中国财富出版社有限公司

图书在版编目（CIP）数据

基于服务消费的消费者幸福感形成机制研究 / 胡洋著. — 北京：中国财富出版社有限公司，2024. 2

ISBN 978 - 7 - 5047 - 8106 - 2

Ⅰ. ①基… Ⅱ. ①胡… Ⅲ. ①消费心理学—研究 Ⅳ. ①F713. 55

中国国家版本馆 CIP 数据核字（2024）第 047800 号

策划编辑	孟　婷	**责任编辑**	敬　东　杨白雪	**版权编辑**	李　洋
责任印制	尚立业	**责任校对**	杨小静	**责任发行**	董　倩

出版发行	中国财富出版社有限公司		
社　　址	北京市丰台区南四环西路 188 号 5 区 20 楼	**邮政编码**	100070
电　　话	010 - 52227588 转 2098（发行部）		010 - 52227588 转 321（总编室）
	010 - 52227566（24 小时读者服务）		010 - 52227588 转 305（质检部）
网　　址	http://www. cfpress. com. cn	**排　　版**	宝蕾元
经　　销	新华书店	**印　　刷**	北京九州迅驰传媒文化有限公司
书　　号	ISBN 978 - 7 - 5047 - 8106 - 2/F · 3748		
开　　本	710mm×1000mm　1/16	**版　　次**	2024 年 12 月第 1 版
印　　张	12. 5	**印　　次**	2024 年 12 月第 1 次印刷
字　　数	198 千字	**定　　价**	69. 80 元

前　言

随着服务行业蓬勃发展，从零售、餐饮、金融、电信，到医疗、教育等领域，服务消费占据了消费者日常生活的各个方面。消费者幸福感作为一个新的顾客绩效指标，有助于改善服务企业绩效，帮助企业获得竞争优势，推动服务业和服务经济健康可持续发展。因此，服务如何影响消费者幸福感成为服务营销学者和服务行业实践者关注的热点问题。

自20世纪90年代以来，提高消费者幸福感成为营销学领域一个日益重要的研究课题。学者围绕消费者幸福感开展相关研究，取得了较为丰硕的研究成果，为企业实践活动提供了重要的理论依据。然而，已有的关于消费者幸福感的研究较多关注宏观消费和有形实体产品消费过程，对服务消费领域关注较少；研究变量的选取没有考虑中西方文化因素的差异，体现中国文化特点的研究非常有限；对于消费者幸福感的测量仍主要沿用心理学中主观幸福感的测量方法，基于服务消费情境下开发的消费者幸福感测量工具应用有限；研究视角单一，缺乏从多视角对消费者幸福感形成机制的实证研究。Anderson等学者提出消费者幸福感形成的概念性理论框架，为开展消费者幸福感形成机制研究提供了基本遵循，但该框架只是提出了在宏观环境作用下服务实体和消费者实体可能影响消费者幸福感的因素，没有细化到具体变量，深入探讨消费者幸福感形成机制。针对现有研究成果的不足，本书在文献梳理的基础上，以服务消费为研究背景，以消费者幸福感形成的理论框架为基础，考虑中国文化特点，从服务实体视角中的服务提供物、消费者实体视角中的消费者个体以及服务实体与消费者实体情感视角中的服务人员与消费者个体关系三个方面开展了具体研究，深刻诠释了基于服务消费的消费者幸福感形成过程中各影响因素作用机制，有利于学界和业界更好地理解消费者幸福感是如何形成的，丰富消费者幸福感形成理论。

本书按照提出问题、分析问题、解决问题的思路进行整体设计，共6章。其中，第1章为绪论，主要介绍了本书的研究背景、研究问题、研究方法、研究思路以及研究创新；第2章为文献综述，对研究中涉及的主要变量及理论进行系统性梳理和回顾；第3、第4、第5章分别探究了服务仪式对消费者幸福感的影响、消费者组织社会化对消费者幸福感的影响、个人关系对消费者幸福感的影响；第6章为结论与展望，总结理论的研究成果及不足，明确未来的研究方向。

本书在撰写过程中得到了东北大学马钦海教授的深入指导，在问卷调研、数据分析过程中得到了沈阳工业大学周天舒老师，以及辽宁省交通高等专科学校、中国财富出版社有限公司的大力支持。本书参考并引用了大量的文献资料，在此，对有关领导和相关人员表示衷心感谢！

胡洋

2024年1月20日

目录 CONTENTS

1 绪论

1.1 研究背景与问题提出

1.1.1 研究背景

幸福是人们生活的终极目标。追求幸福是人们所具有的天赋和权利，是人们对美好生活的憧憬与向往。随着经济、社会、环境及个人的发展和变化，人们的幸福感成为社会关注的重要现实问题。目前，中国已成为世界第二大经济体，幸福课题也不容忽视。

消费活动是人们获得物质满足和精神满足，实现幸福的一个重要途径，也是经济增长的主要驱动力。消费能带来幸福的观念根深蒂固，消费者希望能够从消费活动中获得最大化的幸福。消费包括有形产品消费和无形产品消费（即服务消费），无论是有形产品消费还是服务消费，都会给消费者带来幸福感。消费者幸福感是消费者对消费活动的主观性评价和情感性反应。从与零售商、餐饮商家、金融服务机构和电信公司的服务交互，到医疗、教育等服务诉求，服务消费占据了消费者日常生活的各个方面，并且消费者日常生活的大多数时间都花费在协同创造服务产品和与服务人员的交互上，因此，相较于有形产品消费而言，服务消费覆盖消费者的生活范围更广泛，与消费者的自我概念关系更紧密，与积极的自我认同更相关，更有助于消费者自我成长和发展，从而产生快乐，给消费者带来更多的幸福感，因此，服务消费已成为消费者获得幸福感的重要途径。

近年来，随着服务行业蓬勃发展，关于消费者、员工、家庭、群体及社会幸福感的研究激增。学者普遍认为，消费者日常生活很难与服务互动相剥离，服务行业的各类企业、非营利组织、政府部门等服务提供者有责任，也有能力通过服务交换活动提升消费者幸福感。同时，通过服务提供者与消费者在服务消费过程中的相互尊重、协作和可持续的互动，可改善社会、经济和环境之间的关系。因此，服务消费领域下的消费者幸福感研究有助于服务提供者理解服务质量、顾客满意、顾客忠诚等服务绩效衡量方法以外的服务措施的价值。消费者幸福感是一个新的顾客绩效指标，围绕消费者幸福感开展研究探索，有助于提升个体生活质量和意义，改善服务企业或服务提供者的服务绩效，帮助企业获取竞争优势，推动服务业和服务经济健康可持续发展。因此，如何通过服务产品开发、服务流程设计、顾客管理、员工管理、顾客关系管理等服务营销与管理策略提升消费者幸福感成为服务营销学者和服务行业实践者关注的热点问题。

围绕消费者幸福感，现有研究多见于心理学和市场营销学领域的探索。回顾以往文献发现，在市场营销学领域，提高消费者幸福感已成为一个日益重要的研究课题。一方面营销直接影响消费者生活领域的幸福，另一方面营销间接影响消费者其他领域的幸福，如健康、安全、工作、家庭、娱乐等，进而影响消费者总体生活质量。后来逐渐发展为更具象化的研究，如探讨购物氛围、购买类型、消费环境、消费者参与水平、消费矛盾态度强度、人机交互感知等对消费者幸福感的影响。

现有关于消费者幸福感的研究主要呈现以下特点：①较多关注宏观消费和有形实体产品消费过程。例如，消费者在生活各个方面的需求满足和感知价值对消费者幸福感的影响，对服务消费领域消费者幸福感关注较少。②选取的研究变量没有考虑中西方文化因素的差异以及不同文化背景下消费者对幸福感知的差异，尤其是对体现中国文化特点的研究非常有限。③在服务消费的消费者幸福感研究中，仍沿用心理学中的主观幸福感或用有形实体产品消费过程开发的量表来测量消费者幸福感，基于服务消费情境下开发的消费者幸福感测量工具的应用非常有限。④对消费者幸福感影响因素的探索性研究视角单一，仅从服务实体视角或消费者实体视角开展研究。例如，服务设施与社会支持之间的关系，社区健康服务提供者的作用，消费者个体感知价值、需求偏好、知识水平和参与水平等因素，国家文化等对消费者幸福感的影响，缺乏从多视角对消费者幸福感形成机制的整合研究，并且相关因素影响作用机制还需要通过实证检验进一步揭示。考虑到服务具有无形性、生产消费同时性和差异性等特点，现有研究中以有形实体产品消费为背景的研究成果可能不适用于服务消费领域。此外，消费者幸福感属于消费者态度和情感范畴，其诱发机制可能受文化因素的影响。现有研究已从主观幸福感转向实现主义幸福感，因此，在服务消费背景下，采用基于服务消费情境开发的消费者幸福感测量工具进一步验证消费者幸福感内涵，从服务实体、消费者实体等多视角揭示消费者幸福感前因，并考虑国家文化特点探求消费者幸福感形成机制是非常有必要的。

1.1.2 问题提出

服务的本质是体验，消费者在服务消费过程中，通常参与服务产品的合作生产且与服务实体交互。这里的“交互”具有广泛的意义，不仅包括人际间的服务接触，也包括在价值创造过程中服务实体与消费者实体接触的各个方面。因此，通过服务实体与消费者实体交互形成的服务体验可能显著影响消费者幸福感。Anderson 等学者基于现有研究成果提出消费者幸福感形成的概念性理论框架，如图 1-1 所示。该理论框架指出，在宏观环境下，消费者幸福感受到服务实体因素和消费者实体因素的影响，且服务实体因素与消费者实体因素相互作用，共同影响消费者幸福感。其中，服务实体指与消费者实体交互的各个方面服务，不仅包括员工提供的服务方式、服务过程，也包括服务提供物的设计、服务组织建立的政策或结构。因此，影响消费者幸福感的服务实体因素包括服务人员、服务过程、服务提供物、服务组织或部门及服务行业等方面。消费者实体指不同层次（从微观到宏观）与服务实体交互的消费者个体、集体（家庭、社区和其他群体），以及更广泛层次的提升服务实体对自然环境和人们生活影响的生态系统。因此，影响消费者幸福感的消费者实体因素包括消费者个体、群体和生态系统。

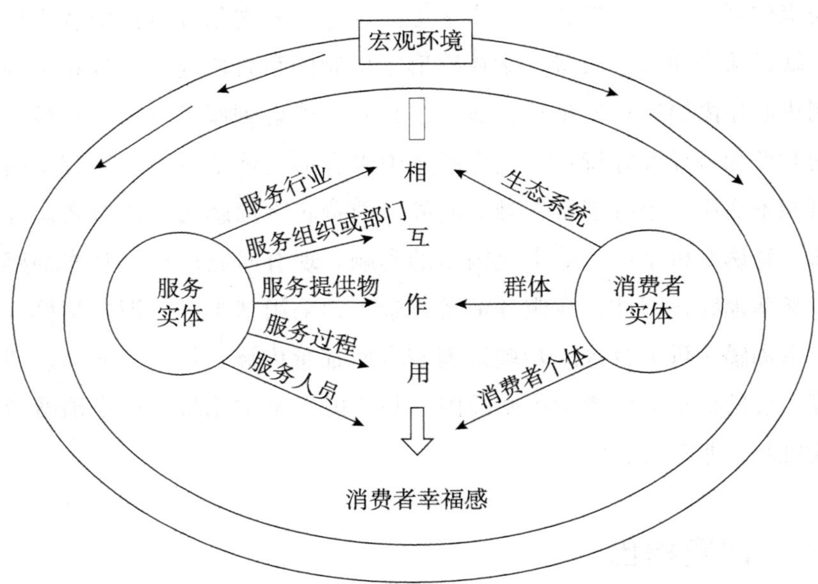

图 1-1 消费者幸福感形成的概念性理论框架

消费者幸福感形成的概念性理论框架为开展消费者幸福感形成机制研究提供了基本依据。Anderson 等虽然强调了开展消费者幸福感形成机制研究的必要性，并倡导以此框架模型促进未来研究，但这只是对消费者幸福感影响因素类别性的一种基本认知，至于其中的具体因素对消费者幸福感的作用情形还需要进一步探究，从而为提升消费者幸福感实践提供理论指导。

在当今服务升级的大背景下，服务体验呈现文化和情感取向，服务企业、服务人员与消费者之间的关系不仅是一种提供服务和接受服务的浅层次功用性关系。这种实践可以体现为服务形式的仪式性、消费者服务体验的归属性（更多地参与服务生产交互，而不是只被动地接受服务），以及服务人员与消费者之间个人关系的纽带。那么，这些实践会对消费者幸福感有怎样的影响以及如何影响？本研究将对此问题加以探讨，即以 Anderson 等提出的消费者幸福感形成的概念性理论框架为基础，探究服务仪式（服务实体的服务提供物因素）、消费者组织社会化（消费者实体的个体因素）及个人关系（服务实体与消费者实体情感因素）对消费者幸福感的影响，诠释其作用机理。

1.1.2.1 服务仪式对消费者幸福感的影响

服务行业的发展和服务同质化促使服务提供者和研究者在服务过程设计及服务形式创新中注重仪式的应用，以赋予服务象征性价值和意义，使服务更为个性化，更加难忘。例如，许多苹果手机零售店开业时，店员会在店门口列队进行击掌、欢呼等仪式。这一特色的服务仪式设计获得众多“果粉”的青睐，甚至一些“果粉”不远千里参加多个国家的零售店开业仪式。卫海英和毛立静将服务仪式定义为仪式在服务场景中的运用，指由服务提供者发起的一系列正式的、可重复的、具有非直接功能的行为或活动，以增强消费者体验和实现服务组织营销目标。服务仪式对消费者情感体验具有影响作用。现有研究从互动仪式链视角探讨了服务仪式对消费者幸福感的影响，并基于积极共鸣理论揭示其间的中介机制，考察了主题匹配的调节作用。但仅应用总体满意视角、聚焦宏观消费及传统产品消费过程的单维消费者幸福感观点开展研究，中介路径更多聚焦人际连接视角，边界条件主要围绕服务特征进行探讨。消费者幸福感研究从主观幸福感向现实主义幸福感转变，服务消费在消费者日常生活中涵盖的范围更广泛，仅从总体满意视角和传统产品消费过程刻画服务仪式对消费者幸福感的影响不足以全面反映服务仪式对消费者幸福感的影响机制，对其影响作用的认识需要从多维视角细化，其间的中介机制和边界条件也有待从新视角进一步挖掘和丰富。

消费者与服务提供物间拥有性关系是理解消费者心理及行为的基础。服务己化是消费者对服务的广义拥有性关系，是消费者个体将服务化为己有的状态，是消费者与服务之间建立的高质量、深层次的联结。Mifsud 等指出，服务己化有助于理解服务如何影响消费者幸福感。服务仪式是服务提供者向消费者传递和表达服务组织或品牌价值和意义的重要途径，当消费者能够理解仪式所包含的一系列行动或活动的意义并生成和赋予服务其个人意义，使服务为其个人所拥有，消费者会产生积极的心理反应，形成个人体验和积极情感。根据意义流动模型，在此过程中，消费者不只是被动接受服务组织传递的价值和意义，而是在汲取意义的同时注入个人意义。“拥有”是消费者通过意义的汲取和注入来满足其自我建构或表达需求的关键。由此可见，消费者与服务提供物间的拥有性关系状态是揭示服务仪式引发消费者积极心理反应的重要内容，从服务已化视角揭示服务仪式对消费者幸福感的影响机制具有较强的理论适切性。

此外，现有研究指出，服务实体与消费者实体之间交互共同作用于幸福。消费者实体因素可能对服务实体因素与消费者幸福感的关系存在影响。关系需要是个体希望自己与他人有联系的倾向，表现为个体的亲和动机程度，对其情感和行为存在影响。自我决定理论指出，关系需要是个体的三大基本心理需要之一，个体基本心理需要的满足对幸福至关重要。相对于关系需要程度较低的消费者，关系需要程度较高的消费者与服务建立起已化关系，可能会产生更为强烈的幸福感。

综上所述，采用现有研究中基于服务消费情境开发的消费者幸福感多维量表，以符号互动理论为基础，细化探讨服务仪式对消费者幸福感的影响，运用占有心理学理论将服务已化作为中介变量，从服务已化视角揭示其间的中介机制，并运用自我决定理论考察消费者关系需要在其间的边界作用，以期为消费者幸福感提升、服务方式设计、服务组织和服务行业发展及管理提供参考。

1.1.2.2 消费者组织社会化对消费者幸福感的影响

在当今服务消费领域，消费者的自主意识增强，在服务交互过程中承担更多的工作，发挥更重要的作用，并更为积极地按照自己的意愿和方式主动投入服务的合作生产中。消费者对其服务角色的作用、服务任务的认识以及其具备的能力特质，成为服务成功、消费者服务利益产出及幸福感获取的关键。消费者组织社会化是服务经济时代反映服务组织对消费者有效管理的一个重要且普遍的特征，是消费者在消费体验过程中获得实现其在组织中预期角色的必要行为、技能和价值观。消费者组织社会化使消费者成为企业的“兼职员工”，并在服务交互中获得愉快、满意等积极情感。现有研究探讨了金融服务咨询领域消费者组织社会化对消费者财务幸福感和对组织满意度的影响，并基于权力理论考察了不同消费者依赖类型实现消费者财务幸福感的路径，但仅应用基于总体满意视角和聚焦宏观消费的单维主观幸福感观点开展研究。基于服务消费的消费者组织社会化与消费者幸福感之间的关系如何？消费者组织社会化通过何种机制影响消费者幸福感？现有研究非常有限。

根据自我决定理论，当个体的基本心理需要得到满足时，会提升其幸福感。当消费者被恰当地社会化，成为有效的服务合作者，更积极地参与服务生产、交付和服务开发活动，这种合作生产行为表现会增进其基本心理需要的满足，进而提升消费者幸福感。因此，消费者组织社会化对消费者幸福感的影响可能会通过合作生产的中介作用实现，但其作用机制需要进一步检验和揭示。

根据独特性理论，在消费者合作生产过程中，独特性需求程度不同的消费者体会和享受因合作生产带来的不同水平的满足感等积极情感，从而获得不同水平的幸福感。现有研究表明，独特性需求在消费者参与程度对感知乐趣的影响中起到正向调节作用。

因此，本研究将独特性需求作为合作生产与消费者幸福感关系的调节变量，明晰消费者组织社会化通过合作生产影响消费者幸福感的边界条件。运用自我决定理论、独特性理论对消费者组织社会化与消费者幸福感的影响机制和作用边界进行探讨，为服务企业从顾客管理、消费者参与等方面提升消费者幸福感提供实践指导。

1.1.2.3 个人关系对消费者幸福感的影响

社会支持是个体对其人际关系密切程度及质量的一种认知评价，是人们适应各种人际环境的重要影响因素，是人与人之间的一种社会互动关系。依据社会支持理论，社会支持对个体幸福感具有持续的影响，这一影响不随个体在环境中的压力水平变化而改变。社会支持水平高的个体更容易感受到被理解和被尊重，并在社会交往中保持相对稳定的情绪状态。现有实证研究表明，社会支持对不同群体的个体幸福感均有正向影响作用，但较少有研究涉及消费领域。个人关系是指通过人与人之间的联系或人际交往形成的对关系各方都有影响的一种联系。在服务行业中，服务人员与消费者在较频繁的交流和互动中形成的个人关系是社会支持的一种重要体现。服务人员与消费者在服务交互中建立的个人关系可能会给消费者带来尊重和支持，从而提升消费者幸福感。现有研究关注个人关系对员工幸福感的影响，但较少涉及服务消费中服务人员与消费者的个人关系对消费者幸福感的影响。服务人员与消费者在服务交互过程中建立的个人关系如何影响消费者幸福感的作用机制尚不明确，需要进一步揭示。

依据社会支持理论，社会支持对幸福感的影响可能源于它带给个体对生活的可预期感和稳定感以及对自我的认同感。对环境的可预期感和稳定感是自我效能感的重要表现，对自身价值的认同表现为对自我的积极评价。自我效能感是个体对自己有能力应对或挑战陌生情境的总体信心，是对自己有能力达到预期目标和成就的信念，本身就是一种对自我能力的评价，同时，也反映出对环境的控制感。现有研究表明，社会支持能够直接影响自我效能感，自我效能感是幸福感的重要决定因素和近因。因此，消费者和服务人员之间的个人关系对消费者幸福感的影响可能通过自我效能感发挥作用。

在对幸福感的影响方面，自尊、自我确定性等与自我概念相关的因素和社会比较倾向存在交互作用。自我效能感是自我概念相关的因素，楚啸原等研究发现，当大学生具有较低的社会比较倾向时，其自我效能感对幸福感的促进作用更强。因此，社会比较倾向可能在自我效能感对消费者幸福感影响中起调节作用。

基于此，本研究运用社会支持理论，探究个人关系通过自我效能感对消费者幸福感的影响。引入与自我效能感有较强联系的社会比较倾向变量，将社会比较倾向作为调节变量，探究其在自我效能感与消费者幸福感关系间的调节作用。为服务企业通过员工管理、顾客关系管理增强员工与消费者的个人关系，从而为提升消费者幸福感提供实践指导。

综上所述，整体研究框架如图 1-2 所示。

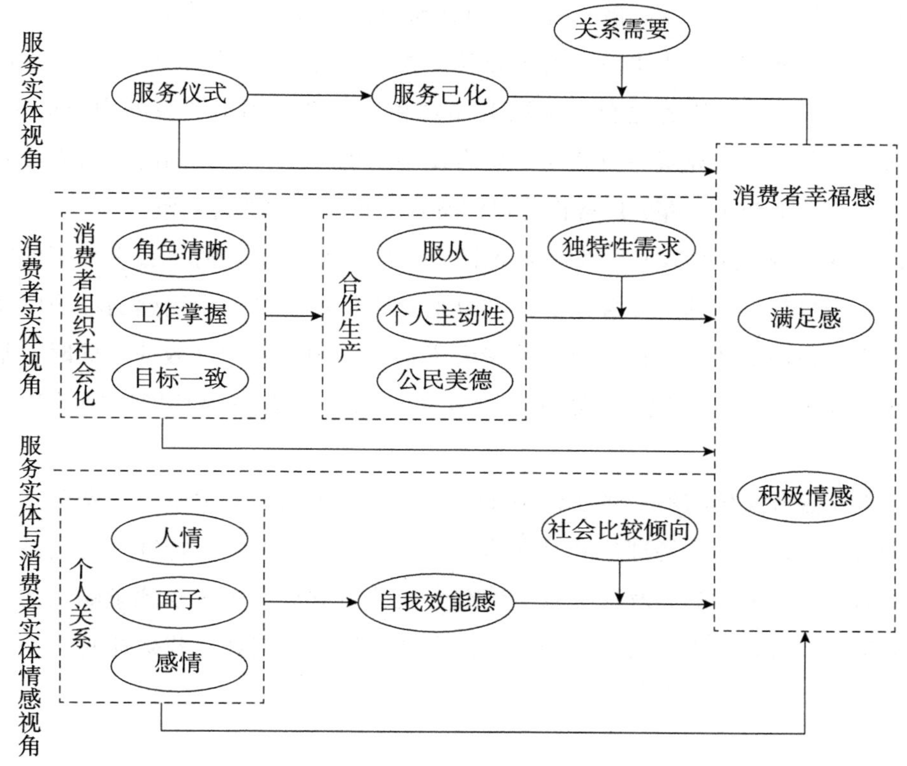

图 1-2 整体研究框架

1.2 研究目的与研究意义

1.2.1 研究目的

针对以上问题，本研究以服务消费为背景，分别从服务实体视角、消费者实体视角、服务实体与消费者实体情感视角，揭示服务仪式、消费者组织社会化、个人关系对消费者幸福感的影响机制，探究服务仪式和消费者幸福感、消费者组织社会化和消费者幸福感、个人关系和消费者幸福感之间的关系“黑箱”，深化消费者幸福感形成理论，为服务企业提升消费者幸福感相关管理实践提供理论支持和借鉴指导。具体研究目的包括以下几个方面。

①从服务实体视角出发，揭示服务仪式对消费者幸福感的影响。基于占有心理学理论，将服务已化作为服务仪式和消费者幸福感关系的中介变量，从服务已化视角探究服务仪式对消费者幸福感的作用机制。同时，引入关系需要作为调节变量，探究服务已化对消费者幸福感影响的边界条件。

②从消费者实体视角出发，揭示消费者组织社会化对消费者幸福感的影响。基于自我决定理论，探究消费者组织社会化对消费者幸福感的影响以及合作生产在消费者组织社会化对消费者幸福感影响上的中介效应。同时，基于独特性理论，探究独特性需求在合作生产对消费者幸福感影响中的边界条件。

③从服务实体与消费者实体情感视角出发，揭示个人关系对消费者幸福感的影响。以社会支持理论和马斯洛需求层次理论为基础，探究个人关系对消费者幸福感的影响以及自我效能感在个人关系对消费者幸福感影响上的中介效应。同时，运用社会比较理论，探究社会比较倾向在自我效能感对消费者幸福感影响中的边界条件。

1.2.2 研究意义

本研究围绕消费者幸福感这一核心概念，通过刻画服务消费体验中服务实体的服务提供物、服务人员和消费者的行为和心理反应过程，探究消费者幸福感的形成机制，具有较为重要的理论意义和实践意义。

1.2.2.1 理论意义

①基于消费者幸福感形成的基础性框架，从服务实体视角、消费者实体视角、服务实体与消费者实体情感视角揭示基于服务消费的消费者幸福感形成路径，丰富和发展消费者幸福感形成理论，弥补以往消费者幸福感研究中的不足，如研究视角单一、实证研究较少，为消费者幸福感形成的理论框架提供实证支持。采用服务消费情境下消费者幸福感的定义和量表，可使对消费者幸福感内涵的理解更深刻，测量更准确，拓展了基于服务消费的消费者

幸福感量表的应用。

②揭示服务仪式对消费者幸福感的影响机制，丰富消费者幸福感前因研究。基于服务已化视角，探索服务仪式与消费者幸福感关系的中介路径，丰富消费者幸福感形成机制研究。探究关系需要在服务已化与消费者幸福感间的调节作用。从个体特征视角明确前因变量对消费者幸福感影响的边界条件。

③揭示消费者组织社会化对消费者幸福感的影响机制。依据自我决定理论，选择合作生产作为中介变量，探讨合作生产在消费者组织社会化对消费者幸福感影响中的传导作用。探究合作生产对消费者幸福感的影响，从合作生产角度更细致地刻画消费者幸福感的前因。基于独特性理论，探究独特性需求在合作生产与消费者幸福感关系间的调节作用，更全面地诠释合作生产对消费者幸福感的影响作用机制。

④揭示个人关系对消费者幸福感的影响机制。目前，学术界对关系的研究主要包括西方的个人关系和中国特色的个人关系研究。本研究从中国文化背景中的关系视角出发，丰富消费者幸福感的前因研究，弥补中国文化背景下消费者幸福感形成机制研究的不足，对消费者幸福感在不同文化背景下的探索具有创新性意义。运用社会支持理论，探究自我效能感在个人关系与消费者幸福感关系间的中介效应，丰富自我效能感和消费者幸福感的前因研究。探究社会比较倾向在自我效能感与消费者幸福感之间的调节作用，从消费者个体特征视角进一步明确自我效能感对消费者幸福感影响的边界条件。

1.2.2.2 实践意义

消费者关注通过服务消费活动获取幸福感。消费者幸福感也成为服务企业关注的一个新的顾客绩效指标。本研究基于消费者幸福感形成的概念性理论框架，以服务消费为背景，从服务仪式、消费者组织社会化、个人关系三个视角，揭示消费者幸福感形成机制，以期为服务企业的服务设计、顾客管理、顾客参与、员工管理、顾客关系管理等提供指导和建议。具体体现为以下三个方面。

①研究服务仪式对消费者幸福感的影响机制，将为服务企业通过服务仪式的应用推动服务提供物的变革和创新提供新思路，促进服务业和服务经济

健康可持续发展。通过服务己化在服务仪式对消费者幸福感影响上的中介效应研究，为企业从消费者与企业提供物间拥有性关系管理视角提升消费者幸福感提供新方法，同时，帮助企业通过有效的顾客管理发挥服务仪式对消费者幸福感的提升作用，为服务企业设计更为亲切、承载认同和归属感更强的服务仪式提供指导。

②研究消费者组织社会化对消费者幸福感的影响机制，能使服务企业更深入地了解消费者组织社会化过程和消费者合作生产行为在影响消费者幸福感方面的作用机制，在针对消费者特征选择沟通方式、设计互动内容，以及从顾客参与价值创造视角进行顾客管理等方面提供借鉴和参考。

③研究个人关系对消费者幸福感的影响机制，为服务企业更好地管理服务人员与消费者之间的个人关系提供帮助。通过探究服务人员与消费者的个人关系对消费者自我效能感的影响，为服务企业有的放矢地实施提升消费者自我效能感策略提供参考。分析不同社会比较倾向在自我效能感与消费者幸福感间的调节作用，可以帮助企业了解社会比较倾向的差异在消费者幸福感形成过程中发挥的作用，为消费者营造更适宜的服务环境、促进消费者幸福感的提升、增强服务企业的竞争力提供借鉴和指导。

1.3 研究方法

本研究基于服务消费背景，在关系需要、独特性需求和社会比较倾向差异条件下对消费者幸福感形成机制问题开展研究，主要采用的研究方法包括以下两种。

1.3.1 文献分析法

系统地识别、收集、整理、归纳、分析和提炼相关领域的国内外期刊文献及研究成果，准确把握研究现状及不足，发现问题，并在深入理解社会心理学、消费者行为学等相关理论的基础上，明确各变量之间的关系，建立本书的研究理论模型并提出假设。

1.3.2 实证研究法

本研究遵循实证研究的基本程序。第一，以文献综述和相关理论为基础，提出核心问题："消费者幸福感形成机制研究"。第二，通过分析，将此化为三个具体问题"服务仪式对消费者幸福感的影响""消费者组织社会化对消费者幸福感的影响""个人关系对消费者幸福感的影响"。在具体研究过程中，采用逻辑推演和归纳总结的方法，根据相关理论和现有研究构建理论模型提出研究假设。第三，选取国内外较成熟的量表，选定具体研究背景和被试者，设计调查问卷。第四，运用问卷调查法进行预调研和正式问卷发放，收集实证数据。第五，进行数据分析：应用 SPSS22.0 数据分析软件进行描述性统计分析、信效度分析、相关分析、方差分析、回归分析；应用 AMOS21.0 结构方程建模软件进行验证性因子分析、路径分析和模型比较，最后对数据分析结果进行讨论，得出研究结论。

1.4 研究思路

本研究首先明确研究的背景和研究的问题，在此基础上，梳理国内外关于消费者幸福感的理论研究成果，如符号互动理论、自我决定理论、社会支持理论、马斯洛需求层次理论等，对消费者幸福感、服务仪式、消费者组织社会化、个人关系、服务己化、合作生产、自我效能感、关系需要、独特性需求、社会比较倾向等概念和相关研究进行回顾、综述，构建基于服务消费的消费者幸福感形成机制的分析框架。从服务实体视角、消费者实体视角、服务实体与消费者实体情感视角分别探讨服务仪式、消费者组织社会化、个人关系对消费者幸福感的影响机制，选取典型服务行业作为调研对象，通过实证方法对假设进行检验，得出研究结果。根据研究结果讨论总结，阐述本研究的理论贡献和管理启示，指出研究不足和后续研究方向。本研究的基本思路如图 1-3 所示。

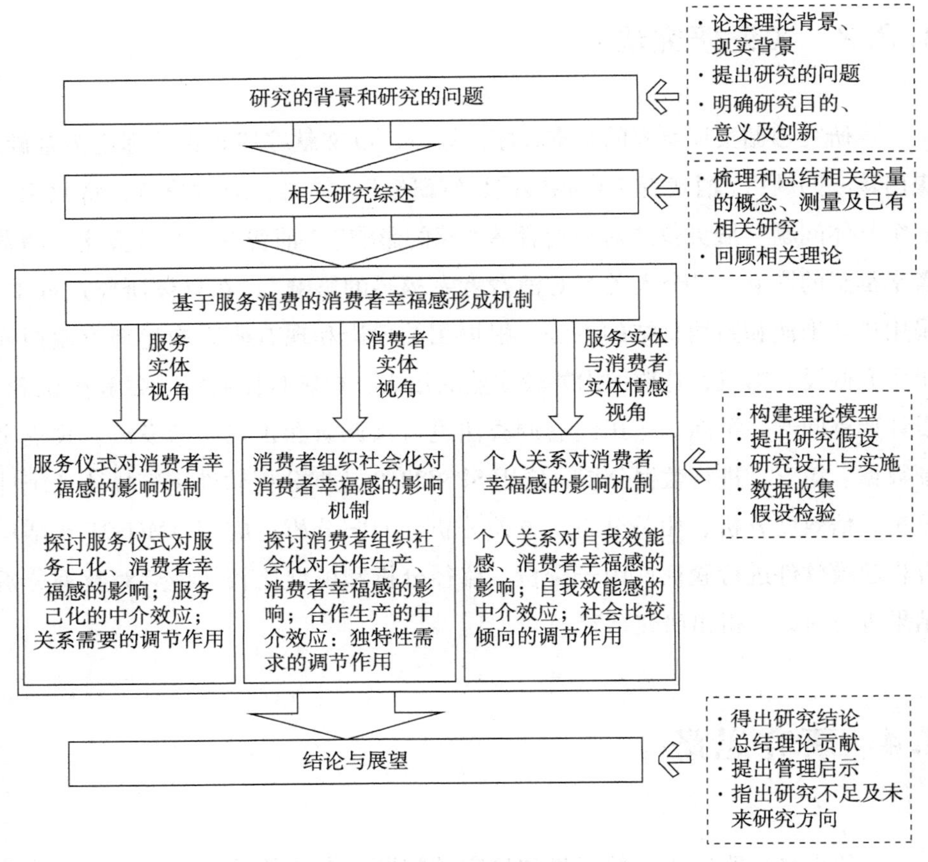

图 1-3　研究思路

1.5　研究创新

本研究的创新之处主要体现在以下几点。

①基于消费者幸福感形成理论框架，以服务消费为背景，分别从服务实体视角、消费者实体视角、服务实体与消费者实体情感视角探究服务仪式、消费者组织社会化和个人关系对消费者幸福感的影响机制，弥补了基于消费者幸福感形成理论框架开展多视角实证研究的不足，丰富发展了消费者幸福

感形成理论。

②在服务实体方面，探究服务仪式对消费者幸福感的影响机制，从服务己化视角揭示服务仪式对消费者幸福感影响的中介效应，为消费者幸福感形成机制研究提供新视角，弥补服务仪式对消费者幸福感影响机制研究的不足。从个体特征视角揭示关系需要在服务仪式与消费者幸福感间变化的边界条件，从顾客与服务间关系视角加深对消费者幸福感影响因素和影响机制的理解，拓展顾客心理行为特征的理论应用。

③在消费者实体方面，将消费者组织社会化纳入消费者幸福感的前因实证研究，并将合作生产作为两者间的中介变量，更细致地刻画前因变量与消费者幸福感之间的关系，在消费者幸福感形成机制研究方面是一个新的切入点。提出并验证消费者作为企业“兼职员工”的独特性需求在合作生产与消费者幸福感之间的调节作用，进一步明确影响因素发挥作用的边界条件，加深影响因素对消费者幸福感作用机制的理解。

④在服务实体与消费者实体情感方面，探究个人关系对消费者幸福感的影响机制。引入中国本土化情感元素，探究服务人员与消费者间个人关系对消费者幸福感的影响以及自我效能感在两者间的中介效应，弥补现有研究仅关注服务实体或消费者实体因素而忽略在服务交互中服务实体与消费者实体情感因素的不足，丰富和深化消费者幸福感形成机制路径。提出并验证社会比较倾向在自我效能感与消费者幸福感间的调节作用，进一步明确影响因素发挥作用的边界条件，从个体特征视角加深对消费者幸福感形成机制的理解。

2 文献综述

2.1 消费者幸福感

2.1.1 消费者幸福感的概念

消费会带来幸福已被广泛接受，然而，随着研究的逐渐深入，学者对消费会带来幸福的观点提出疑问。学者在研究中发现，人们并没有随着消费的增多而表现出更多的满意，甚至还出现了不满意的现象，这引起了不同学科学者的兴趣，如心理学、经济学以及社会学。学者从消费对幸福感的影响机制、影响因素以及影响程度等方面进行了更科学、更系统的研究，并开发了联结和表征两者之间关系的工具——消费者幸福感。目前，学者主要从以下两个视角对消费者幸福感进行定义，如表 2-1 所示。

①从主观感受视角对消费者幸福感定义。尽管学者在研究中对幸福感进行了不同的定义，但学者普遍认为，幸福是一种主观感受，是人们对自己生活状态的一种情感反应和评价，也称为主观幸福感。因为主观幸福感易于测量，所以被学者普遍接受并采用。20 世纪 80 年代，主观幸福感被应用在营销领域，学者开始对消费者幸福感进行研究。消费者幸福感指个体消费者在消费过程中的情感反应和主观评价。Desmeules 认为，消费者幸福感是消费者对其消费活动的满意度和积极/消极情感的评价。Ahuvia 和 Friedman 认为，消费者幸福感是消费者在消费过程中感受到的高兴与悲伤、欢笑与痛苦、满意与不满意的总和，是消费过程中的主观感受和体验。张跃先依据消费者对服务过程中幸福感概念的理解，将服务消费情境下消费者幸福感定义为，在服务

消费过程中，消费者通过对产品或服务的消费感到满足时形成的一种积极情感。

②从生活满意视角以生活满意理论为指导的消费者幸福感定义。Campbell提出的生活满意理论认为，个体根据自身设定的目标对现有生活质量进行主观满意度的评价，满意具有分层性，个体对生活质量满意和整体生活的满意受到生活中自下而上溢出形式的具体活动的影响。基于生活满意理论，学者们（Sirgy 和 Lee，Ralph，Lee、Day 和 Walters）将消费者幸福感定义为，人们对消费生活领域的满意情况，消费生活中体验和经历的具体事件是衡量满意情况的主要依据。Sirgy 等指出，一些特定的产品品牌和服务会对消费者的工作、休闲和家庭等领域的生活质量产生积极影响，消费者幸福感就是消费者对这些积极影响的总体评价和感知程度。目前基于实体产品消费幸福感研究的学者多数采用此定义对消费者幸福感进行研究。

综上所述，学者从不同视角对消费者幸福感进行了定义，其定义的基本属性相同。首先，消费者幸福感是消费者基于自身的主观评价和感受；其次，消费者幸福感是与消费者消费活动相关的心理体验。由于本书基于服务消费领域对消费者幸福感形成机制进行研究，更加关注消费者在服务消费活动中产生的积极心理反应，因此，在主观感受和生活满意两个定义视角中选择主观感受视角，采用张跃先等在服务消费情境下对消费者幸福感的定义，即消费者幸福感是在服务消费过程中，消费者通过对产品或服务的消费感到满足时形成的一种积极情感。

表 2-1　消费者幸福感定义的界定

研究视角	定义	作者及年份
主观感受（主观幸福感）	消费者对其消费活动的满意度和积极/消极情感的评价	Desmeules（2002）
	消费者在消费过程中感受到的高兴与悲伤、欢笑与痛苦、满意与不满意的总和	Ahuvia 和 Friedman（1998）
	对产品或服务的消费感到满足时形成的一种积极情感	张跃先（2017）

续 表

研究视角	定义	作者及年份
生活满意（生活满意理论）	人们在消费生活领域的满意情况	Sirgy 和 Lee（1995，2002），Ralph（1987），Lee、Day 和 Walters（1991）
	消费者对其各个生活领域的满意度体验	Day 等（1987）
	消费者对特定产品品牌和服务在许多领域的生活质量产生积极影响的总体评价和感知程度	Sirgy 等（2006）

资料来源：笔者根据相关文献整理。

2.1.2 消费者幸福感的测量

消费者幸福感的测量研究主要经历了单因素、双因素、多因素测量三个阶段。早期研究学者选取单因素测量，例如，Lee 等提出了一种衡量消费者幸福感的方法——总体消费者满意度法。这种衡量方法是基于消费者在进行产品和服务消费，如购买食品、房屋、服饰，以及进行医疗、娱乐、交通、教育等消费活动的经验，对获取满意度的总体评价。Day 等从产品获取和产品拥有两个阶段对消费者幸福感进行测量。尽管学者将消费者幸福感的测量扩大了范围，但 Lee 等指出，单因素和双因素不能全面准确地衡量消费者幸福感，因此提出购买因素、拥有因素、使用因素、维护因素和处置因素衡量消费者幸福感的五维模型。Sirgy 等在 Lee 等提出的五维模型基础上，加入准备因素，形成六维模型。现有的单因素、双因素、五维模型和六维模型都是基于实体产品消费测量消费者幸福感，缺乏对服务消费情景下消费者幸福感的测量。

国内学者对消费者幸福感测量的研究较少，更多关注主观幸福感的测量，并对西方幸福感的测量进行国内适用性检验。曾陶然等指出，享乐幸福和意义幸福是构成幸福感的两个关键维度。邓建军等对主观真实-持续幸福感量表中文版进行信度和效度检验，认为其符合中国国情。刘蕾等梳理了国内外幸福感测量工具中的结构维度，认为幸福感测量指标体系是多维的且各维度重要性不同。张跃先基于扎根理论，运用定性与定量相结合的方法开发了服务消费情境下消费者幸福感的测量量表，该量表由满足感和积极情感两个维度组成，共11个题项。其中，满足感是消费者内心的一种比较知足的主观状态，包括买到喜欢的产品/服务、感到知足、感到满意、感到满足、感到超值，以及感到被尊重和重视等情形，由6个题项进行测量；积极情感是消费者形成的一种积极情感状态，包括愉快、惊喜、轻松、开心、享受等内在感受，由5个题项进行测量。已开发的消费者幸福感的测量量表如表2-2所示。

表2-2 消费者幸福感的测量量表

类别	名称	代表学者及年份	题项/维度	量表点数	应用领域
单因素	总体消费者满意度法	Lee（1995）；Sirgy等（2002）	总的来说你觉得你的生活怎么样？……	李克特10级量表 李克特7级量表	实体产品消费
双因素	双因素模型	Day（1991）；邓建军等（2020）；曾陶然（2017）；张跃先（2017）	享乐幸福、意义幸福、满足感、积极情感	李克特5级量表 李克特7级量表 李克特5级量表	实体产品消费或服务消费
多因素	消费过程五维模型	Lee等（2002）	购买、拥有、使用、维护、处置	李克特7级量表	实体产品消费或服务消费
	消费过程六维模型	Sirgy等（2008）	准备、购买、拥有、使用、维护、处置	李克特7级量表	实体产品消费或服务消费

资料来源：笔者根据相关文献整理。

单因素、双因素、多因素量表有各自的应用领域。其中，单因素量表适用于实体产品消费；双因素量表既适用于实体产品消费又适用于服务消费，维度包括满足感、积极情感、享乐幸福、意义幸福；多因素量表既适用于实体产品消费也适用于服务消费，但多因素量表着重从消费过程角度测量满意度，没有明确体现出消费者幸福感的内涵，更多体现为消费者幸福感的对象。由于本书选择了主观感受视角中张跃先在服务消费情境下对消费者幸福感的定义，因此，对于消费者幸福感的测量也采用张跃先在服务消费情境下开发的双因素幸福感量表。

2.1.3　消费者幸福感的影响因素研究

2.1.3.1　组织视角的消费者幸福感影响因素研究

由于市场营销能够直接影响消费者在消费过程中的体验，不仅会对消费者的生活质量产生影响，还会对其他生活领域产生间接影响，因此，基于组织视角的消费者幸福感影响因素研究主要从营销策略和市场体系等方面展开。Desmeules 在研究中指出，企业实行的营销组合策略、多样化策略、大规模定制策略以及体验营销策略会影响消费者的消费决策和消费体验。例如，企业的渠道策略会对消费者获取产品产生影响，建立新的线上销售渠道能够提升消费者的便利性；多样化策略具有双刃剑效应，消费者希望有更多种选择，但也会出现面对众多选择无从下手，选择后常常后悔的现象。

消费者幸福感能够反映出企业实施营销策略的效果，因此，消费者幸福感也被作为绩效指标。在不同的研究层面，消费者幸福感具有不同的内涵。在宏观层面上，政策制定者和市场营销人员将消费者幸福感作为其政策制定和策略实施的指导观念；在微观层面上，消费者在进行消费决策时会选择能够给自己带来幸福感的消费产品。

2.1.3.2　综合视角的消费者幸福感影响因素研究

依据 Anderson 等学者构建的消费者幸福感形成的概念性理论框架（见前文图 1-1），影响消费者幸福感的因素可以分为两大类：服务实体因素和消费者实体因素。其中，影响消费者幸福感形成的服务实体因素主要包括服务人员、服务过程、服务提供物、服务组织或部门及服务行业等方面；影响消费者幸福感形成的消费者实体因素包括消费者个体、群体和生态系统方面。

①在服务实体因素方面，Ozanne 和 Anderson 探讨了社区健康服务提供者对消费者幸福感的作用。何文芳等学者基于社会认知双视角模型和人类适应机制，探讨能动性和表达性与主观幸福感的关系及其作用机制。Hedhli 等从体验过程入手，发现产品购买过程中，功能、便利、安全、娱乐、氛围显著

影响消费者幸福感。Nicolao 等和曾陶然等研究发现，体验性购买比物质性购买更能带来幸福感。陈炜等研究发现，通过购买某种特定类型的产品能对幸福感产生积极的影响。Rosenbaum 等探索了服务设施对消费者幸福感的影响。Sirgy 等发现商店和社区的消费环境显著影响消费者幸福感。Lee 等研究指出，企业经营者的营销伦理道德以及民族主义对消费者的生活质量和幸福感有影响作用。李光明和徐冬柠研究指出，文化消费不仅可以直接提升自致型新市民的幸福感，还可以通过改善自致型新市民的阶层认同间接地对其幸福感产生积极作用。

②在消费者实体因素方面，沈鹏熠等从自主性视角出发，分析了人机交互感知对消费者幸福感的影响机理。研究发现，自主性在消费者的感知连通性、感知控制性等方面对消费者幸福感发挥中介作用。郭小弦和王建从社会支持和参照群体两个理论视角证明了社会网络对个体幸福感作用的多重机制。Sirgy 等和 Annunziata 等探查了不同领域中消费者需求满足和消费者感知价值对消费者幸福感的影响作用。Schwartz 等研究发现，消费者个人的消费偏好对消费者幸福感具有影响作用。Bearden 以退休人群为研究对象发现，退休消费者人群的收入和婚姻情况会对消费者幸福感产生显著影响。Mende 等研究发现，在金融领域，消费者拥有的金融知识和参与程度对金融消费的幸福感有积极的影响作用。王财玉在研究中指出，维护消费者的面子能够提升消费者的幸福感。Sirgy 等研究发现，同行消费者的态度和行为会对消费者的幸福感产生影响。Sirgy 等在研究中指出，随着全球化趋势的发展，商品质量提升但价格降低，这使消费者的幸福感得到了提升。Anderson 等和 Corus 等探讨了社区以及国家文化等对消费者幸福感的影响。郑玲等研究发现，消费者逃避体验显著正向影响享乐幸福感及意义幸福感，逃避体验不仅通过心流对享乐幸福感产生影响，还通过自尊对意义幸福感产生影响。金玉芳和许效暇研究发现，微观矛盾态度强度对消费者幸福感产生正向影响，这种影响受到社会比较倾向的负向调节。消费者幸福感的影响因素及学者研究情况如表 2-3 所示。

综上所述，现有关于消费者幸福感的研究多从单视角出发探究消费者幸福感的影响因素，缺少从多视角对消费者幸福感的综合研究。同时，现有研究多基于西方研究的背景，较少涉及中国本土的研究要素。因此，本研究将以 Anderson 等提出的消费者幸福感形成的概念性理论框架为基础，从服务实体、消费者实体以及体现中国文化特点的服务实体与消费者实体情感视角出发，探究消费者幸福感形成机制。

表 2-3 消费者幸福感的影响因素

影响因素类别		影响因素	学者及年份
服务实体因素	服务人员	社区健康服务提供者	Ozanne 和 Anderson（2010）
	服务过程	能动性、表达性；功能、便利、安全、娱乐、氛围；产品类型；购买类型；服务设施	何文芳等（2019）；Rosenbaum 等（2007）；Nicolao 等（2009）；Hedhli 等（2013）；陈炜等（2014）；曾陶然等（2016）
	服务组织	消费环境；经营者的营销伦理和民族主义观念；文化消费	Lee 等（1999）；Sirgy 等（2001）；李光明和徐冬柠（2019）
消费者实体因素	消费者个体	需求满足和感知价值；个人消费偏好；态度；收入和婚姻状况；知识水平和参与水平；面子维护；逃避体验；消费矛盾；人机交互感知	Schwartz 等（2002）；Sirgy 等（2006）；Bearden 等（2007）；Annunziata 等（2010）；王财玉（2012）；Mende 等（2015）；郑玲等（2019）；金玉芳等（2019）；沈鹏熠等（2021）
	群体	同行消费者的态度和行为；社区；社会网络	Sirgy 等（2010）；Anderson（2013）；郭晓弦和王建（2019）
	生态系统	全球化趋势；国家文化	Sirgy 等（2004）；Corus 等（2011）；Anderson 等（2013）

资料来源：作者根据相关文献整理。

2.2 服务仪式

2.2.1 服务仪式的概念

仪式是一种通过重复和规律的行为来表达价值和意义的活动，起源于人类学、社会学，后来扩展到心理学和管理领域，呈现从神圣到世俗的扩张趋势。仪式并不是宗教的专属属性，它可以在人类生活的各个领域表达出来：旅游被认为是改变体验，是一种仪式；被赋予意义的日常行为，如化妆、修饰和问候，都是仪式；体育赛事和节日的集体狂欢也是一种仪式；甚至零售和服务体验被概念化为平凡的休闲消费仪式。

仪式在服务营销领域的应用可追溯到20世纪。Collins从“链”的角度提出互动仪式链理论。人的社会交往需要通过链的互动仪式来完成，互动仪式是最基本的活动单元。不论是否意识到有其他人的参加和存在，个体都会受到聚集的相互影响。当个体参与同一个活动时，便会形成一个小团体。在这个团体中，个体之间进行分享和互动并在互动仪式中得到满足，进而提升个体之间的亲密感以及互动意愿。

Otnes等提出服务仪式概念，认为服务仪式是在服务接触过程中用于表达价值和意义的一系列正式的、重复和规律的活动。卫海英和毛立静在研究中指出，服务仪式应用在服务场景中，是由服务发起方实施的一系列正式的、可重复的、具有非直接功能的行为或活动，能够增强客户体验和服务组织经营绩效。

服务仪式和消费仪式具有以下几点区别。第一，服务仪式主要发生在服务场景，而消费仪式的场景更加多样化，如居家、旅游目的地、各类营销场所等。第二，顾客与服务人员的互动是服务仪式的特征之一，而消费仪式更注重消费者之间的互动。第三，从执行意图来看，服务仪式是企业设计的，服务于顾客关系管理，而消费仪式一般强调消费者自愿参与，其参与目的是从仪式中受益，如社会福利。

2.2.2 服务仪式的测量

根据Rook关于仪式由对象、脚本、表演者和观众组成的说法，服务仪式场景的四个要素包括：第一，对象。在服务仪式中被消费，如食物、酒、钻戒、蜡烛等，可以传达象征信息。第二，脚本。在服务仪式中起引导作用，规定消费者和员工的互动方式，明确将使用哪些消费品，以及行为发生的顺序。第三，角色。服务仪式脚本由扮演各种仪式角色的个人执行。参与仪式的一线员工和消费者在仪式过程中都扮演着相应的角色。第四，观众。提升消费者的消费体验是服务仪式的重要使命，因此消费者往往是目标受众。互动仪式链理论指出，仪式包括四类形成要素：现场聚集、仪式行为、相互关注和情感能量。在服务仪式情境中，现场聚集和相互关注是仪式的自然形成要素，仪式行为和情感能量是决定服务仪式效果的两种重要资源。

卫海英等在研究中指出，现场聚集和相互关注是服务仪式的重要组成要素，情感能量和仪式行为是服务仪式能否成功的重要指标。情感能量是消费者参与社会互动并渴望从中获得归属感和身份，具有社会性。情感能量并非情绪或情感，而是一种稳定且持久的感受。在互动过程中产生的短期体验和感受，最终也会变成稳定且持久的感受和情感。情感能量是一种状态变量，呈现从低到高的连续状态。其中，低情感能量缺乏进行社会互动的主动性，个体对群体互动不感兴趣且希望能脱离群体；高情感能量是对社会互动有高主动性，对群体互动充满了兴趣和自信；情感能量的中间状态为平和状态。仪式行为由统一目的性和技巧性的各种符号集合而成，是互动仪式参与者进行沟通的媒介。仪式行为具有资本属性，包括品牌观念、价值观以及文化资本。

目前，现有研究在对服务仪式进行测量时普遍采用 Kapitány 和 Nielsen 的仪式有效性测量。该测量方法一共包含 3 个题项：题项 1 为我认为此次服务互动形式很特殊；题项 2 为我认为此次服务具有仪式化色彩；题项 3 为我认为此次服务让我印象深刻。本研究采用 Kapitány 和 Nielsen 的测量方法对服务仪式进行测量。

2.2.3 服务仪式的相关研究

服务仪式的相关研究尚处起步阶段，现有研究关注了服务仪式对消费体验的影响作用，服务仪式不仅能提升消费乐趣和满意度以及自我效能感，还能降低焦虑、促进群体认同。服务仪式和服务流程在现有研究中经常被提及，两者之间具有一定的区别和联系。服务流程是相互联系和作用的业务程序，通过排列组合来满足消费者的需求。两者均是一系列具有流程性的行为和活动：第一，相对于服务流程，服务仪式更有互动性，即需要消费者在场并进行一定程度的参与；第二，服务仪式更强调程序性，虽然服务流程也具有程序性，但服务仪式的程序性更为严格，需要按照规定完成相应步骤才能完整地完成服务仪式；第三，服务仪式非功能性更强，服务流程的目的是直接满足消费者需求，但服务仪式是通过程序将企业文化和品牌特征包含其中，进而提升消费者的消费体验。

服务仪式效应方面的研究相对零散，大多数研究使用定性方法来探索服务仪式的影响。Wei 和 Liu 等基于文献对其可能的积极和消极结果进行了归纳和探讨，没有对其结果效应系统认识的探索性研究。现有研究指出，服务仪式对消费者感知价值、幸福感、积极情绪、自我效能感、顾客满意、群体认同、再购行为等存在影响。在服务仪式的积极影响方面，现有研究表明，服务仪式可能是增强消费者与企业之间关系的有力“武器”。Siehl 等认为，在服务接触中，员工会按照仪式的脚本来表现正确的心情，这有助于提高消费者满意度。同时，语言、姿势、仪式化的行为可以促进员工与消费者之间适当的亲密关系，增强消费者参与互动的意愿。Otnes 等探讨了语言在服务仪式中的作用，研究结果表明，通过仪式语言，可以提高消费者的满意度和忠诚度，并与消费者建立友谊。尤其是当消费者认为企业提供的产品和服务具有很高价值时，这种友谊就会更加紧密。例如，给消费者送礼会让他们觉得自己很特别，从而更信任企业。此外，实证研究表明，仪式有助于群体观念的形成，参与同一仪式的参与者会更团结，因此，在成功的服务仪式中，消费者可能会对品牌产生信任感，并将员工视为群体中的成员，增强消费者与企业员工的互动意愿。消费者对服务仪式的积极认识可以延伸到品牌。Sharma 等认为，仪式是品牌国际化的战略工具，更容易被当地消费者接受。在收集了餐饮和零售行业的企业数据后，最终发现，实施服务仪式的品牌在市场上的表现要好于没有仪式的品牌。同时，也有学者提出，服务仪式可以作为品牌幸福感的预测指标。总而言之，服务仪式为消费者提供了附加值。服务仪式可以提升消费者的服务体验，增强消费者对服务的记忆，进一步提高消费者对企业的满意度，加深与企业的关系，为打造具有竞争力的品牌奠定基础。

2.3 消费者组织社会化

2.3.1 消费者组织社会化的概念

Schein 首次提出组织社会化的概念，认为组织社会化是新员工在组织中学习融入组织并具有良好表现的过程，包括学习组织价值观、组织行为规范等内容。组织社会化可以用于解释员工适应组织，从一个新手变成一个老手，从企业外部人变为企业内部人的过程。随着研究的深入，学者认为，组织社会化是双向的。员工通过学习组织的价值观、文化、行为规范来认同并融入组织，同时，组织也通过推出和改进相应策略使个体了解在组织中应该承担的角色，帮助个体快速被组织接纳。

组织行为学中将组织社会化描述为一种学习过程，员工通过其过程掌握岗位角色必备的行为、技能和价值观。通过社会化过程，员工成长为有价值的组织成员，完成岗位职责和任务。现有研究指出，组织社会化对员工工作绩效具有显著的提升作用。组织社会化的过程是员工进入组织后了解组织并且融入组织，适应新工作的过程。员工加入组织时，将面临新的工作环境、新的工作要求、新的工作规范以及新的组织文化等，需要通过学习来完成融入组织的过程。

在营销领域，学者开始关注营销从业人员的组织社会化以及消费者在消费过程中的组织社会化问题。消费者组织社会化起源于 Piaget 的认知发展理论，Ward 正式提出消费者组织社会化概念，消费者组织社会化是消费者在消费体验过程中实现其在组织中预期角色的必要行为、技能和价值观。汪涛等认为，消费者组织社会化是消费者接受并适应组织价值观、规范和所要求的行为模式的过程，它能够为消费者参与服务的生产和交付提供具体行为指导。Guo 等认为，在服务接触中，消费者经常会参与服务传递的各个环节，承担着部分员工的职能，因此，消费者和员工一样存在“组织社会化”。消费者组织社会化关注消费者受到特定组织影响的社会化过程，关注消费者如何适应环境、学习扮演组织成员角色、形成履行组织职能所需要的态度和技能。目前，学者普遍认可 Ward 对消费者组织社会化的定义。

虽然消费者组织社会化概念来源于人力资源管理领域，但是它是一个独立的概念，具有以下特点：一是消费者组织社会化是一个双向过程。它需要组织与消费者沟通，不断反馈和调整，达到双方都可以接受的状态。二是消费者组织社会化的对象是消费者。消费者的身份首先是消费者，其次才是组织的部分员工，组织对消费者应该保有服务的责任和义务，组织应注意引导、激励的方式方法。三是消费者组织社会化关注消费者的反应。消费者组织社会化会引起消费者对组织价值观、规范和期望做出反应，消费者反应、感知服务质量的提升才是消费者组织社会化活动的关键。

消费者组织社会化对顾客关系管理具有重要意义。消费者社会化能够帮助组织成员角色外行为的培养，任务相关能力角色行为的代入以及适应组织的规范。服务接触前社会化会降低组织的服务成本，有助于消费者了解组织对消费者的期望，扮演好角色，提高消费者的参与动机。

2.3.2 消费者组织社会化的测量

大多数学者参考组织行为学中组织社会化的测量方法对消费者组织社会化进行测量。组织行为学研究将员工的组织社会化概括为三个相关过程：掌握角色必需的行为、提高工作技能、适应组织规范和价值观。许多学者基于 Feldman 的观点，将消费者组织社会化过程划分为角色清晰、工作掌握、目标一致三个维度进行测量。

Rizzo 等的研究对角色清晰进行测量，测量量表包含 3 个题项；Morrison 和 Chao 等对工作掌握进行测量，测量量表包含 3 个题项；Coote 等对目标一致进行测量，测量量表包含 3 个题项。角色清晰指理解被执行的任务，清楚行为需求并具备完成适当行为的知识；工作掌握指了解任务并具备完成任务所需的技能，并在新角色里获得自信；目标一致指员工对自己的目标感知和价值观与组织的价值观相契合。

Roedder 等提出了包括过程导向、内容导向和目标导向三个维度的消费者组织社会化分析框架。其中，过程导向指在组织社会化过程中消费者受到内部环境和外部环境的影响作用情况；内容导向指在组织社会化过程中消费者掌握的知识和技能的情况；目标导向指组织社会化过程中个体的期望。Bearden 等基于消费者人际影响对消费者组织社会化过程中同辈的影响情况进行了测量。郭朝阳运用双向模型探查了代际影响对消费者组织社会化的影响作用。双向模型包括一致性、精准度和适合度三个维度。其中，一致性指双方对同一事物所持观点的相同状况；精准度指双方进行有效沟通的程度，体现为了解的程度；适合度指一方感知到的受另一方影响的程度。现有研究对消费者组织社会化的代表性测量如表 2-4 所示。

本书根据研究的内容，采用 Guo 等对消费者组织社会化的维度划分和测量方法，将消费者组织社会化划分为角色清晰、工作掌握、目标一致 3 个维度。

表 2-4　消费者组织社会化的代表性测量

类别	代表学者及年份	维度	量表点数	应用领域
组织社会化衍生量表	Rizzo 等（1970）； Morrison（1993）； Chao 等（1994）； Coote 等（2004）； Guo 等（2013）	角色清晰 工作掌握 目标一致	李克特 7 级量表	实体产品 服务消费
其他量表	Roedder 等（1978）	过程导向 内容导向 目标导向	李克特 7 级量表	实体产品服务或服务消费
	Bearden 等（1989）	NPI 和 IPI	李克特 7 级量表	实体产品服务或服务消费
	郭朝阳（2007）	一致性 精确度 适合度	李克特 7 级量表	实体产品服务或服务消费

资料来源：笔者根据相关文献整理。

2.3.3 消费者组织社会化的相关研究

现有研究大多关注员工的组织社会化，研究领域集中于企业管理、人力资源领域。对服务营销领域消费者组织社会化研究关注相对较少。但早期研究已发现消费者在服务交付过程中扮演着“兼职员工”的角色。这种角色在那些持续时间长、过程复杂的服务体验中作用更显著。Kelley 等认为，在需要消费者积极参与才能成功的服务体验中，消费者组织社会化成为企业管理消费者改善绩效的必要方法。与员工组织社会化类似，在复杂服务情境中，消费者需要被适当的“社会化”，以实现他们的角色期望并成为有效的合作生产者。

在消费者组织社会化的作用方面，Moschis 和 Churchill 认为，消费者组织社会化能够对消费态度、消费动机、消费知识，以及消费行动主义和物质主义产生影响作用。Dellande 在研究中指出，消费者组织社会化对消费动机、交易知识、广告感知、决策能力以及交易谈判产生影响。陈畅提出，消费技巧、消费态度和消费偏好是消费者组织社会化的三个影响结果。Moschis 和 Moore 以及 Shim 等在研究中指出，家庭、学校教育、大众媒体和同辈群体是消费者组织社会化的重要影响因素。他们以不同种族高中生为研究对象，通过种族视角发现种族在消费者组织社会化过程中所起的作用。

目前，消费者组织社会化研究的样本多以西方发达国家为背景，国内这方面的研究少之又少，现有研究中少有理论突破，缺乏基于中国消费者的本土化研究。本研究将以中国服务消费领域为研究背景，探究消费者组织社会化对消费者幸福感的影响机制。

2.4 个人关系

2.4.1 个人关系的概念

日常生活中，个人关系通常被称为“关系”。从字面意义上讲，“关”最初的含义是一道门，门里是自己人，门外是外人；“系”是联系，是保持和维持。“关系”连在一起，可以指事物与事物之间相互影响的状态，如局部与整体之间的关系；可以指人与人之间的联系状态，如亲子关系；可以指代事物的影响程度，如没关系；可以指代关联，如这件事情关系重大。本研究中的关系指人与人之间的联系状态。

对个人关系的定义，理论界存在两种不同观点。一种观点是从个人关系的本质出发，将个人关系定义为人与人之间的联系，这种联系的建立需要经历一定的过程，包括关系双方的认识和交往、关系双方的交易和影响，以及关系双方的交易成本和收益等。例如，李春苗认为，个人关系是通过人与人之间的联系或人际交往形成的对各方关系都有影响的一种联系。另一种观点则是从社会资本角度出发定义个人关系，将个人关系定义为一种社会资源，例如，翟学伟认为，建立个人关系被看成一种社会投资，关系双方通过互动进行交换，达到各取所需、互相帮助与支持的目的。作为一种社会投资，关系自然也遵守基本的资源定律，即投入越大，产出越大。当关系各方为个人关系的建立和持续投入必要的甚至超额的时间、情感、金钱时，个人关系也会越加牢固，在需要其发挥作用时也能够获得超额回报。但也有学者对社会资本和个人关系之间的区别进行了研究。他们指出，社会资本是基于公民社会的研究情境提出的概念，而个人关系则是基于家庭本位社会的研究情境提出的概念，两者在成员构成、利益分配、个体作用等方面存在明显差异，所以认为个人关系与社会资本是两个完全不同的概念。

与西方的以理和法为基础的关系不同，中国背景下的个人关系，也就是我们日常所说的“关系”，按照其字面意思可以理解为通过某种手段、方式获得的人与人之间的联系。Chen 等指出，个人关系是人们通过持续合作和利益交换建立的基于互惠义务的联系。李春苗认为，个人关系是通过人与人之间的联系或人际交往形成的一种对关系各方都有影响的联系。因此，个人关系是人们对个人关系强度的总体评价，即个人关系的亲疏远近程度。Zhuang 等提出，个人关系指血缘关系或比较紧密的朋友关系。胡保玲认为，个人关系是企业边界人员与消费者之间基于互惠规则形成的凝聚双方情感的友谊。Luo 则认为，个人关系是人们为获得好处而在商业活动中形成的联系。Gold 认为，个人关系是企业欲从消费者那里获取其想要的东西的一种工具。林南指出，个人关系具有互换资源的功能，它是一种具有公允价值的资源，可以看作一种社会资本。宝贡敏指出，个人关系对人们寻找工作具有极大的促进作用。

2.4.2 个人关系的测量

现有研究中，关于个人关系的测量量表比较多，由于研究背景和对象的不同，量表之间具有较大差异。现有量表包含单维度量表和多维度量表。本研究将部分相关的量表总结如表 2-5 所示。

Gu 等的测量量表用于企业高管与政府官员之间的人情关系质量，与本研究内容不符，不适合采用。Zhuang 等的测量量表用于企业高管与渠道商之间的人情关系质量，也与本研究内容不符，不适合采用。Shou 等的测量量表用于 B2B 企业间关系，与本研究内容不符，不适合采用。Lee 等、Leung 等的量表是关于人情关系质量的测量题项，可用于测量服务场景中的消费者与企业员工之间的个人关系，与本研究的研究对象相符合，且 Lee 等（2005）的测量量表是多维度量表，对个人关系的刻画更为深入，因此，本研究将主要参考 Lee 等（2005）和 Leung 的测量量表对个人关系进行测量。

表 2-5 个人关系的测量

作者和时间	维度	维度内容	测量题项
Leung 等（2005）	单维度	—	我和这位服务人员相处融洽 我和这位服务人员是双赢关系 我和这位服务人员会谈一些服务之外的话题
Leung（2011）	单维度	—	买卖双方在联系中欠对方很大人情 买卖双方有很深的感情 买卖双方在对方心目中有“老朋友”的地位 买卖双方存在恩惠

续　表

作者和时间	维度	维度内容	测量题项
Lee 等（2001）	单维度	—	我的目标是建立“兄弟”般的情谊 我努力创造和谐的气氛 还人情比给面子更重要 我会让别人欠我人情
Gu 等（2008）	单维度	—	我们的高管同重要人物有个人关系 我们的高管能够获得价值感和自信心 我们的高管能够获得政府支持 我们的高管能够从当地政府那里获得像土地和电力这样的资源 我们的高管能获得融资或者上市的机会
Zhuang 等（2008）	单维度	—	我们经常在吃饭或其他社会活动中见面 他们在做生意时经常照顾我 我在过节时不会忘记他，并会送他一些小礼物 我认为我们是一个圈子中的人 我们之间的关系是经过长期考验的 不为我的公司，我不会联系他（反向计分） 我认为如果不是想从我公司得到好处，他不会联系我（反向计分）
Shou 等（2011）	多维度	维护面子	我从来不在公共场合批评销售经理 我在公共场合尊敬销售经理 如果我不得不挑销售经理毛病，我会委婉表达 如果销售经理请求帮助时，我会尽全力帮助他 如果销售经理帮助过我，我也会帮助他
		感情投资	当销售经理结婚、升职或者过生日时，我会送礼物（不太贵重）表达祝福 过节时，我会给销售经理寄贺卡或发电子邮件 我经常同销售经理吃午饭或晚饭 我把销售经理看成我的朋友

续 表

作者和时间	维度	维度内容	测量题项
Lee 等（2005）	多维度	面子	我和销售人员都很在乎面子 我获得的尊重越多，越有面子 我给销售人员面子，他也给我面子
		人情	如果销售人员以前帮我忙，我也会帮他的忙 如果我以前帮销售人员忙，他也会帮我忙
		感情	销售人员有时给我一些纪念品 当有促销等活动时，他给我们感谢卡片 他是我的好朋友，我们彼此真心为对方着想 我喜欢这位服务人员，他也喜欢我

资料来源：笔者根据相关文献整理。

2.4.3 个人关系的作用研究

个人关系广泛存在，其带来的影响也是多个方面的，学者对此进行了深入研究，具体概括为以下几个方面。

2.4.3.1 个人关系与企业绩效

个人关系与企业绩效之间的关系和影响机制越来越受学者的关注，Gu 等研究发现，企业绩效的提升在一定程度上取决于企业管理者和边界人员个人关系网络。诸多企业家也都表达了类似的观点，认为个人关系能够给企业带来利润。但也存在不同的观点，认为个人关系建立和维护所消耗的时间、精力、金钱等成本可能已经抵消了其所能带来的利润，因此，个人关系不一定能够提高企业绩效。Gold 等研究发现，随着改革开放的推进，市场在经济发展中的决定性作用越来越大，政策导向鼓励企业充分竞争、公平竞争、自由发展，这种形势下个人关系对企业发展的作用逐渐减弱。很多企业为承担所处个人关系中的义务或请求列出很多不必要的支出，同时，个人关系在某种程度上会超越企业和社会规章制度，降低了企业管理运营效率，不利于企业长期发展。

2.4.3.2 个人关系与渠道控制

庄贵军等认为，企业的个人关系会对其与利益相关方共同解决问题有积极的影响。这主要由于目前经济和社会正在经历前所未有之大变局，企业所面对的政治、经济和商业环境充满变数，为应对这种不确定性，化解企业所面临的经营风险，企业必须连同利益相关方更多地使用共同解决问题机制。无论这种个人关系是情感性的还是工具性的，他对利益相关方产生积极的促进和影响，使其能够更好地发挥共同解决问题机制。庄贵军和席酉民研究指出，发生冲突的渠道成员之间会相互产生不信任，甚至会推卸责任、相互指责，因此，强制性战略就成为双方的首选战略。还有学者研究指出，当商家与消费者之间拥有较好个人关系时，商家会倾向于使用非强制性战略与消费者交往，减少对强制性战略的使用。

2.4.3.3 个人关系与依赖性

由于买卖双方对市场资源、产品专业属性和供求状况等信息缺乏足够的了解，因此，在交易过程中会互通有无，形成相互依赖的关系。现有研究中，对依赖性的评价主要从关系本身和其所能带来的资源两个方面进行。关系本身的评价包括关系对方替代难度、关系维护成本等方面，其所能带来的资源的评价包括资源数量、资源质量、资源重要性等方面。个人关系的存在为买卖双方提供了一种安全轻松的交易氛围，增进了双方之间的依赖，Heide 指出，买卖双方之间个人关系水平的提升，依赖于各方交往过程中时间、精力、资金等资源的投入，投入越大所产生的机会成本越高，期待获得回报的愿望越强烈，双方的依赖感就越强。Lee 等研究认为，买卖双方之间的依赖性与个人关系之间存在正相关性。

2.4.3.4 个人关系与忠诚

忠诚消费者可以给企业带来重复购买、交叉购买、溢价接受和口碑宣传四个方面的好处，无论哪一方面实现都会增加企业的收入。另外，忠诚消费者的维护成本往往较低，相对获取一位新消费者，维持老消费者的忠诚投入产出比更高，因此，企业不遗余力地开展消费者忠诚计划，以保持忠诚消费者的活跃度。从消费者角度来看，消费行为或交易过程不仅能满足其功能性需求，与销售人员的接触一定程度上还会满足其心理需要和社会交往需要。交易过程中销售人员的热情、称赞、帮助、恩惠有助于建立与消费者之间的长期关系。作为交易一方的消费者在享受到另一方的好处后，会产生回报的意愿，从而更加积极地购买产品，并向周边圈子推荐该产品，从而实现了一名忠诚消费者的价值。现有研究发现，交易过程中的个人关系所产生的社会价值对消费者忠诚具有显著提升作用。基于以上分析可以发现，个人关系不仅能提升企业绩效，还能提升消费者对企业的忠诚。在个人关系对企业绩效和忠诚的影响作用“黑箱”中，学者已经将关注点从消费者满意方面转移到消费者幸福感方面。本研究将从个人关系的视角探究对消费者幸福感的影响机制，试图打开其影响作用“黑箱”。

个人关系之所以对企业绩效有积极作用，主要是个人关系能满足消费者的需求，在我国社会环境变化比较大、法制不够健全、人们普遍接受和气生财及和为贵的情况下，个人关系能降低消费者的感知风险，从而满足情感需要，但是目前还没有研究将个人关系作为消费者幸福感的前因。

2.5 相关专题研究综述

2.5.1 服务己化

2.5.1.1 服务己化的概念

服务己化中的“己化”一词是理解服务己化概念内涵的关键，存在主义哲学的代表性学者 Sartre 在其著作《存在与虚无》中最早引入“Appropriation”一词探讨个体与对象（物质、环境、他人等有形或无形物）间的关系。随后，己化在社会学、环境心理学和信息技术等多个领域，针对不同拥有主体和被拥有对象的研究中得到了释义。

Mifsud 等提出服务己化的概念，用来描述顾客和服务提供者之间的拥有关系。Mifsud 等学者认为，服务己化是顾客将服务化为己有的心理过程和状态，包含了己化的过程和结果两个视角。顾客通过对产品和服务知识调整自己占有服务的方式和过程，预测将服务化为己有的积极或消极结果，将此过程与自我认同和自我概念产生联系。周天舒等认为，现有对己化和服务己化的研究未能触及概念的根本，服务己化的本质是顾客与服务之间的拥有关系，是顾客与服务之间认知和情感的连接纽带，应该从结果视角对服务己化的概念进行定义。周天舒等在研究中指出，服务己化是顾客对服务的广义拥有性关系状态，是顾客将服务化为己有的状态，是顾客对服务超出物权的拥有性和与服务产生关系方面的自我感知方式。

2.5.1.2 服务己化的测量

服务己化在营销领域的研究刚刚起步，还是一个比较新的概念。Mifsud 等通过对服务现象的思考和总结，提出服务己化的概念用以描述顾客对服务的拥有情况。Mifsud 等学者认为，服务己化包括服务知识、自我适应、服务控制、服务创造和服务心理五个构成要素，并通过访谈和问卷调查等方法得出在五个构成要素外还包括服务觉识的六维度构成模型。

顾客服务己化研究进展相对缓慢的一个重要原因是测量工具的缺失，周天舒等在其前期工作的基础上，遵循科学的量表开发程序，通过文献回顾，进一步凝练顾客服务己化概念内涵，综合运用扎根理论的编码技术、焦点小组访谈和问卷调查等研究方法，首次编制了顾客服务己化概念测量量表。该量表包含 8 个题项，且对其信效度进行了检验。

2.5.1.3 服务己化的相关研究

Mifsud 等的研究为学者对服务己化进行操作化定义、开发测量工具以及揭示服务己化的前因和效应奠定了坚实的基础。周天舒等通过对哲学、心理学和市场营销学等相关领域中己化研究的梳理，认为存在主义哲学、拥有性心理理论、占有心理学理论、“占有物作为延伸自我”理论观点和心理所有权理论是服务己化的理论基础，整理并比较了现有研究对己化概念的理解和释义及维度划分，总结了服务己化的影响因素以及结果效应，最后对未来研究进行了展望。周天舒等在其前期工作的基础上，遵循科学的量表开发程序，开发了顾客服务己化的整体测量量表，并构建了以顾客情绪为中介变量，探查顾客服务己化对顾客契合的影响作用模型。研究验证了顾客服务己化对顾客契合的显著正向影响，以及顾客情绪在其中的中介作用。顾客服务己化被认为受到服务递送因素和顾客个体因素的影响。现有研究指出，服务场景、服务氛围等服务环境因素，服务复杂性、服务标准化程度等服务特征因素，顾客支持、顾客授权等组织因素可能对顾客服务己化存在影响。同时，服务己化可能对顾客的态度、情感、动机等心理活动和行为存在影响。现有研究指出，服务己化可能对沉浸、顾客满意、消费者幸福感、服务质量、承诺等顾客内在反应，顾客公民行为、顾客参与、顾客价值共创等顾客行为活动存在影响作用。但顾客服务己化与上述前因和结果效应关系的探讨，大部分仅限于理论逻辑推演，尚无实证研究支持。幸福感是现有研究关注较多的一个顾客服务己化的结果变量，Gruen 和 Darpy 以及 Mifsud 等均在研究中指出，顾客服务己化有助于深入理解服务如何影响消费者幸福感，但两者之间关系的实证研究目前暂未发现。

2.5.2 消费者合作生产

2.5.2.1 消费者合作生产的概念

现有文献中，学者从行为、关系和价值创造等视角对消费者合作生产的内涵进行探讨。从行为视角来看，消费者合作生产是行为的介入过程，例如，Etgar 将消费者合作生产定义为消费者参与到产品生产的环节中，包括所有企业与消费者之间的协作形式。从关系视角来看，学者更多强调消费者与企业之间的交互作用和协作生产关系，消费者合作生产是消费者与企业共同努力完成产品的生产。从价值创造视角来看，消费者合作生产是消费者与企业共同进行价值创造的过程。Schultze 和 Bhapp 认为，消费者合作生产是消费者直接参与价值创造的过程，是通过服务情境的创造完成服务的设计与传递的过程，在这一过程中消费者自我消耗。

从行为视角看，消费者合作生产指消费者对服务生产、交付和开发过程的全面参与。以行为改变咨询服务为例，为了提高服务的成功率，服务企业必须想方设法让消费者参与到服务交付过程中，使消费者按照服务企业的计划行事，以改变先前的不良行为，养成新的习惯进而增进消费者幸福感。行为改变咨询服务是通过多次服务交付和体验实现的，消费者的参与和配合对服务的成功至关重要。基于本研究选取的服务消费领域，消费者需要切实配合企业要求才能完成服务产品的生产和消费，因此，本研究选取合作生产行为视角的定义。

2.5.2.2 消费者合作生产的测量

Agarwal 等认为，合作生产能促使服务组织不断进行创新，生产出更好的产品，从而产生“升级服务产品”的效应。消费者合作生产是改进和创新服务产品的重要因素。在消费者合作生产的过程中，消费者会扮演资源型客户和合作生产型客户两种类型。由于消费者在服务生产过程中进行了参与，对服务提出了要求并付出了努力，因此，消费者在组织合作生产中不是被动的接受者而是不可分割的一部分。

Guo 等结合组织行为领域的组织公民行为（OCB）和营销领域的价值共创概念对消费者合作生产行为进行阐述。将合作生产行为分为三种不同的类型：服从、个人主动性和公民美德。对于服从，企业为客户的直接利益发起并引导价值共创。对于个人主动性，客户发起并引导价值共创，以实现客户的直接利益。对于公民美德，客户发起并将价值共创导向企业的直接利益，并最终间接为客户带来利益。根据本研究的背景和对象，采用 Guo 等的研究成果，将消费者合作生产分为服从、个人主动性和公民道德三个维度。

2.5.2.3 消费者合作生产的作用研究

消费者合作生产会给消费者和服务企业经营带来复杂的影响，现有文献主要围绕消费者合作生产对顾客价值、服务质量、顾客满意度和顾客忠诚度等方面的影响展开。

①消费者合作生产对顾客价值的影响。

消费者合作生产会为消费者带来经济价值和非经济价值。在经济价值方面，Song 和 Adams 在研究中指出，由于消费者在合作生产的过程中投入了时间和精力帮助企业共同完成生产，因此，企业也会为消费者提供价格更加便宜的产品，实现互惠和长久可持续发展。Luo 等认为，消费者更加看重自己进行合作生产后所能得到的价格优惠。在非经济价值方面，消费者合作生产会给消费者带来更多自主选择的机会，如对产品配置等进行自主选择。具体而言，消费者可能体验更短的等待时间并且享受更高可能性的定制化。

②消费者合作生产对服务质量的影响。

Sugathan 和 Ranjan 研究发现，当消费者合作生产得到的产品和服务不如意时，消费者会归因于自身而不是企业。Arora 在研究中指出，消费者合作生产过程中的参与会影响其对服务质量的感知。在此基础上，Christy 等在研究中再一次证实消费者合作生产的水平正向影响消费者对服务质量的感知。消费者合作生产水平越高，对组织就越有感情和信心，并相信组织有能力达成需求。这种感知会提升消费者的参与程度，从而激励消费者提供更多的努力（如寻求信息等）来提升服务质量。

③消费者合作生产对消费者满意度和消费者忠诚度的影响。

消费者合作生产对消费者满意度的影响并未得到一致结论。Dellande 等在研究中指出，消费者合作生产与消费者满意度具有相关性。Mohr 等认为，消费者合作生产能提升企业与消费者之间的理解程度，从而使消费者对企业和服务产生积极的情感反应。消费者合作生产的过程会让消费者发现其购买的产品和服务是质量可靠、值得信赖的。当产品和服务出现问题时，消费者也会将过错归因于外部环境而不是企业和员工，进而提升消费者满意度。但也有学者在研究中发现，消费者合作生产不一定能提升消费者满意度。张辉等在研究中发现，由于消费者不能正确地对所得到产品和服务进行估计，会提升过高估计的概率，进而降低满意度。

此外，消费者合作生产能够提升消费者忠诚度。Auh 等以金融服务行业作为研究对象，其研究结果表明消费者合作生产能正向影响消费者的态度，但对消费者的行为忠诚影响不显著，消费者合作生产可能通过态度对行为起作用。

从现有研究可以看出，学者已经关注合作生产对消费者满意度、忠诚度以及企业产品质量的影响。学者普遍认为，应该更多关注消费者幸福感。因此，本研究将探究消费者合作生产对消费者幸福感的影响机制。

2.5.3 自我效能感

2.5.3.1 自我效能感的概念

20 世纪 70 年代，Bandura 首先提出自我效能感的概念。在此基础上，Bandura 对自我效能感进行了定义，认为自我效能感是个体基于目标对自身的组织能力以及执行能力的衡量和认可。该定义主要强调个体是基于希望达成的目标来衡量所拥有的能力，而不是基于自身能力而产生相应的期待和目标。

虽然自我效能感体现了完成某种目标和达成某种目的所展现出来的能力，但这是一种自我感受，与能力有一定的区别。自我效能感是感受而不是个体真实拥有的稳定不变的技能属性，是对基于完成某个目标和目的所拥有技能的主观判断和感受。Bandura 指出，自我效能感能引起个体多种特殊形态的思维过程，依据自我效能感的高低，对个体产生促进或阻碍作用。个体自我效能感水平越高，越会将其成功的原因归结为自身努力和所拥有技能的提升，而并非外界环境等客观因素。周文霞等学者在研究中指出，自我效能感是个体对完成某个特定目标所感知到的自身拥有的能力，并非真实的能力。

2.5.3.2 自我效能感的测量

由于学者对自我效能感的概念没有达成一致，因此在测量方面也存在差异。目前对自我效能感的测量主要有两种方法：一种方法是一般自我效能感的测量，以 Jerusalem 和 Schwarzer 为代表；另一种方法是关联自我效能感的测量，以 Bandura 为代表。以 Jerusalem 和 Sehwarzer 为代表的一般自我效能感认为，自我效能感不因测量背景和对象的不同而发生变化，并开发了包含 10 个题项的单维度测量量表。该量表具有良好的信度和效度，应用范围较为广泛，受到学者的普遍认可。学者 Zhang 和 Schwarzer 对一般自我效能感量表进行了修订，得到了中国学者的认可和广泛应用。以 Bandura 为代表的关联自我效能感认为，由于个体在不同情境中会产生不同的目标和状态，因此，自我效能感会随着不同的情境发生变化，应该依据不同的情境和领域进行有针对性的自我效能感的测量，从而更为精准地体现自我效能感水平。本研究是测量一般自我效能感，因此，采用 Zhang 和 Schwarzer 对 Jerusalem 等一般自我效能感测量题项的修订版。

2.5.3.3 自我效能感的相关研究

对自我效能感的研究主要集中在组织行为学领域，学者关注自我效能对员工的工作绩效和工作态度的影响。多数实证研究结果显示，自我效能会积极促进员工的工作绩效和工作态度。在提高自我效能感的影响因素方面，研究结果显示，成功的经验、身心状态、替代经验以及社会劝导都能有效地提升自我效能感。个体成功的经验越多，对自身的评价越高，自我效能感就越高。身体健康且心态积极的个体自我效能感更高。通过借鉴他人的经验和观察，他人的成功活动也会提升个体自我效能感。他人的劝导对个体自我效能感也具有提升作用。在自我效能感的结果因素方面，楚啸原等研究发现，自我效能感对幸福感有积极影响作用，朋友支持能够通过自我效能感对幸福感产生正向影响作用。

自我效能感通过认知、动机、情感和选择对人们产生影响。①认知：自我效能感对认知过程产生影响，预期方案、个体目标的设置都会受自我效能感的影响。②动机：自我效能感会影响消费者对结果的预期、实现目标的努力。③情感：自我效能感影响人们对潜在威胁的警惕以及怎样被知觉、怎样被认知加工，从而影响焦虑的唤起和抑郁的产生。④选择：自我效能感通过影响人们对其活动类型和环境的选择，塑造着人们的生活道路。

在营销和管理领域，学者也开始关注自我效能感的影响作用。Yim 等在研究中指出，消费者在参与服务消费过程中对自身角色的认知会影响自我效能的感知水平，从而对服务产品生产绩效产生影响。Fast 等在研究中提出管理者自我效能感的概念，管理者自我效能感是管理者在特定管理情境中对自身管理能力和技能的主观判断。不论是服务消费环境还是特定的管理情境，自我效能感是在某种环境或情境中激发个体对自身能力的判断。作为社会支持的一种，在服务消费领域中，个人关系对消费者幸福感的影响是否也能通过自我效能产生作用，目前还没有相关研究。

2.5.4　关系需要

2.5.4.1　关系需要的概念

关系需要是个体希望自己与他人有联系的倾向，表现为个体的亲和动机程度，对其内在状态和行为存在影响。自我决定理论指出，对关系的需要是个体三大基本需要之一。Ryan 和 Deci 指出，个体具有关系需要、能力需要和自主需要三个基本心理需要。其中，关系需要指个体对与他人产生关联性的心理需要，个体希望自己被其他人尊重并接纳，从而寻得归属感，得到爱和支持，关系需要是人最重要的一种基本需要。Deci 和 Ryan 在研究中指出，与他人进行联系是个体感知自己价值的重要方式，通过与他人产生联系，得到支持而产生并影响行为动机和价值观。依据自我决定理论，当个体关系需要得到满足的程度越高，其心理健康的程度也会越高。个体通过与他人产生联系获得归属感和支持，如果缺少关系需要的满足，将会产生不良的影响。

2.5.4.2　关系需要的测量

在心理学等研究领域，较多学者采用 Gagné 修订的基本心理需要量表。基本心理需要包括关系需要、能力需要和自主需要三个维度。其中，关系需要包括 8 个题项，能力需要包括 7 个题项，自主需要包括 6 个题项，共计 21 个题项。喻承甫等以青少年为研究对象，对基本心理需要量表进行验证。研究结果显示该量表具有较好的信度和效度，适用于青少年研究对象。刘俊升等以 4~8 年级的小学生和中学生为研究对象，也对基本心理需要量表进行了检验，研究结果剔除掉 3 个题项后，该量表具有良好的信度和效度。

Baek 对关系需要进行了测量，测量量表包含 5 个题项。具体包括：我想通过即时通信或电话语音联系朋友们；我想花时间与朋友们相处；我想约朋友们出去；我想给朋友们发信息（或推特私信等）；我想和朋友或某个重要的人一起计划点什么。该量表符合本研究的研究对象和背景，因此，采用该测量量表对关系需要进行测量。

2.5.4.3 关系需要的相关研究

对于关系需要的研究主要集中在教育学和心理学领域。King 和 Ronnel 在研究中指出，青少年需要与外部环境中的他人进行关联以满足其关系需要，关系需要的满足程度可以对青少年未来的学业成就和身心健康具有显著的预测作用，关系需要对处于成长期的青少年起到至关重要的作用。

在营销领域中，Baek 从关系需要的视角探究了如何进行商店的视觉设计以提升顾客的接近意愿。研究表明，温暖的视觉设计能提升个体对商店的亲密感知和接近意向，个体的关系需要程度正向调节视觉设计策略（温暖或寒冷）对商店的亲密感知和接近意向。个体的关系需要程度越高，温暖的视觉设计会使个体产生更为强烈的亲密感知和接近意向程度。曾陶然等在考察体验购买与实物购买这两种购买方式对个体享乐幸福感和意义幸福感影响的研究中指出，个体关系需要的满足与个体的快乐、生活质量、主观幸福感成正相关，即关系需要满足对个体的幸福感有积极作用。

2.5.5 独特性需求

2.5.5.1 独特性需求的概念

独特性需求这一概念起源于心理学家 Synder 和 Fromkin 在 1977 年提出的独特理论。Synder 和 Fromkin 认为，当个体感知独特性受威胁时，例如，个体所处的环境中有其他人与自己具有高度的相似性，个体希望自身与众不同的需求便会被激发出来，这种需求与个体特征和环境特征相关。独特性需求高的人对相似的信息更敏感，与众不同的需求更高，并会试图通过自我区别的方式提升自尊、降低负面情绪。当外界环境相对宽松时，独特性需求高的个体便会倾向于通过各种形式表现自己，例如，展示自己拥有的物品、展现自己的人际交往风格、建立具有专业知识背景的专业形象、通过消费满足独特性需求等。特别是在西方国家，人们认为通过物质来展现自己的与众不同是最有效的。Tian 等针对消费领域对消费者独特性需求进行定义，消费者独特性需求是消费者为了提升自我形象和意识，通过获取、使用、处置消费品来追求与其他人有所不同的一种特征。由于本研究主要探查消费者在服务消费中的独特性需求，因此，采用 Tian 等学者对消费者独特性需求的定义。

2.5.5.2 独特性需求的测量

对消费者独特性需求的测量包括多维度和单维度两种测量量表。Synder 和 Fromkin 认为，独特性需求包括不考虑他人反应、不跟随规则、愿意公开反对他人意见三个维度。Lynn 开发了消费者独特性需求的单维度量表，该量表注重强调消费者在进行购物时的创新型选择，量表共包含 8 个题项。由于 Synder 和 Fromkin 开发的多维度量表较多强调公开表达自身的独特性，表达对他人的意见且不考虑他人的感受，这可能引起个体对其他个体和群体的疏远，与中国消费情境中的消费者独特性需求状态有一定的差距。同时，该量表没有涉及消费领域的相关题项，较难准确测量出消费情境中消费者的独特性需求。Lynn 开发的消费者独特性需求的单维度量表符合本研究背景，因此，在测量上本研究主要参考 Lynn 开发的单维度量表。

2.5.5.3 独特性需求的相关研究

消费者独特性需求通常通过与他人的非一致性行为来体现。Burns 在研究中发现，与独特性需求低的消费者相比，独特性需求高的消费者更少将离自身距离较近的商场作为最喜欢的商场，他们更不愿意去这些距离近的商场进行购物。他们愿意为了去符合自身特质和购物氛围的商场而付出更多的时间和金钱成本。此研究结果可以用于解释为何销售同样商品的商场会有不同绩效，即商场位置和便利性影响消费者的选择进而影响商场绩效。相反，相对于独特性需求高的消费者，独特性需求低的消费者对商场位置的特殊选择较少。Simonson 通过实验发现，独特性需求对消费者决策产生影响。具体而言，相对于独特性需求低的消费者，独特性需求高的消费者更少对促销活动和广告做出回应，并在购物中坚持自己的想法，较少进行折中的选择。现有研究也证实了消费者的个体特征差异会影响消费者决策。

2.5.6 社会比较倾向

2.5.6.1 社会比较倾向的概念

社会比较理论最早是由 Festinger 提出的。由于人们需要对自身有一个稳定明确的认识，所以通常会与他人进行比较，达到获取自我信息的目的。目前，多数研究将社会比较用于个体人格特征相关内容的研究。随着研究的逐渐深入，学者发现并不是每个人都具有同样的社会比较意愿，有些人愿意与他人进行比较，有些人并不愿意与他人进行比较，社会比较是个体自身的特征。Gibbons 和 Buunk 提出了社会比较倾向的概念。社会比较倾向是个体热衷于社会比较的程度，反映了个体在与他人进行比较时所展现出来的人格倾向，是个体对与其相关的他人信息和观念的敏感程度。根据社会比较倾向的内容，可以将社会比较倾向划分为能力比较倾向和观念比较倾向：能力比较倾向指个体对自身能力和在群体中所处位置的认知；观念比较倾向指个体从多角度进行问题的思考。根据社会比较的频率，可以将社会比较倾向分为高社会比较倾向和低社会比较倾向。

2.5.6.2 社会比较倾向的测量

学者对社会比较倾向的定义基本达成一致，因此，在测量方法上也大体相同，现有对社会比较倾向的测量基本采用问卷调查的方法。

Gibbons 和 Buunk 在提出社会比较倾向的概念后对概念进行了操作化测量，编制了社会比较倾向量表。该量表主要用于测量个体倾向和社会比较倾向的差异。爱荷华-荷兰社会比较倾向量表在现有研究中被广泛应用。爱荷华-荷兰社会比较倾向量表包含能力社会比较和观念社会比较两个维度，共 11 个题项，学者根据研究对象和背景不同，选取量表的部分题项或者全部题项对社会比较倾向进行测量。王明姬认为，由于文化背景和传统观念的不同，我国与西方国家对社会比较倾向的测量在题项方面有些许差异，因此，对爱荷华-荷兰社会比较倾向量表进行了修订。原有量表的能力社会比较维度包含 6 个题项，观念社会比较维度包含 5 个题项。经过实证检验，将原属于观念社会比较中的题项——“我经常将自己生活中的处境与他人比较”移至能力社会比较维度。修订后的量表，能力社会比较维度增加 1 个题项，共包含 7 个题项，观念社会比较维度减少 1 个题项，共包含 4 个题项。

2.5.6.3 社会比较倾向的相关研究

现有社会比较倾向的研究中，较多研究将社会比较倾向作为中介或调节变量探查人格特质对情绪、行为、观念的作用机制。任跃强在研究中指出，由于厌恶消极评价，个体羞怯水平越高，越关注自身，因此，更加倾向于进行能力和观念的比较，同时物质主义信息的影响作用越强。由于年龄的增长，个体更加难以获取并分析他人信息，因此，更加关注自身发展。人们通常拿过去的自己与现在的自己进行比较，进而完善对自我的评价，此时社会比较倾向降低，个人的剥夺感相对较弱。方华指出，社会比较倾向在个体的心理过程中起到中介作用：当个体对自身能力评价较高时，会提升其积极情绪，进而使其理想和现实自我整合，提升自我发展行为；当个体对自身能力评价较低时，会增加其消极情绪，进而产生阻碍个体发展的行为。

学者在不同的研究对象和研究背景下探查了社会比较倾向的调节作用。Yang 在研究中指出，在使用社交网络的过程中，个体的孤独感会增加，当个体的社会比较倾向较低时，会提升这种孤独感。不同社会比较倾向的个体在榜样对抑郁症的影响中有不同的表现。当具有高社会比较倾向时，不论是抑郁症患者还是非抑郁症患者，都会产生更多的消极情绪。

总体而言，社会比较倾向越高，自我评价越低、同理心越强，同时容易产生消极情绪。社会比较倾向在个体人格特征、心理特征以及观念和情绪等相关研究中常被用于调节变量。

2.6 理论基础

2.6.1 符号互动理论

符号互动理论由美国社会学家 Mead 创立，并由其学生 Blumer 于 1937 年正式提出。符号互动理论主要探查个体相互作用的发生方式、发生机制以及发生规律。该理论认为个体的社会行为受到事物对个体象征意义的影响，象征意义来源于个体之间的语言、文化以及制度方面的互动。个体通过自身来解释他们所遇事物带来的意义。

心灵、自我和社会是符号互动理论的核心观点。其中，心灵是个体社会交往行为的内化过程。Mead 认为，个体通过自身的判断来对客体采取行为，赋予客体意义。信息交流是通过使用符号来获取意义的过程。个体通过接受声音、动作、形态等有效信息来完成社会行为习得，使个体接纳集体意义和规范。自我是社会交往活动的主体，个体意识的产生将主观和客观进行了区分，进而形成了自我意识。有了自我意识，个体就能完成具有个性特征的行为和活动。社会是个体间互动产生的共同体。社会是个体互动和系统性的良好体现。社会为个体的发展提供生存空间，但社会依赖个体的发展而发展，社会通过个体心灵和自我完成进化与发展。因此，心理、自我和社会是三个相互联结的要素。

由于符号具有一定的象征意义，服务仪式就是一种符号。服务仪式是企业与消费者进行沟通的重要工具，对消费者会产生影响作用。现有研究鲜有从服务仪式角度探讨其对消费者幸福感的影响。本研究将基于符号互动理论，探究服务仪式作为一种符号对消费者幸福感的影响机制，丰富现有消费者幸福感和服务仪式的研究，并为服务企业设计和利用服务仪式提升消费者幸福感提供建议。

2.6.2 社会支持理论

19 世纪 60 年代，社会支持作为重要的研究问题开始受到学者的关注。社会支持理论通过个人的联结以及支持系统探究个人发展路径。个体的发展和成长不仅受到自身特质的影响，与个人相关联的家庭和朋友、社会和社会网络等组成的社会支持系统也是重要的影响因素。

社会支持理论认为，社会支持的本质是个体的心理现实，既受个体内在因素的影响，也受外界系统的影响，注重个体对外界的适应性。外界支持系统是个体的重要基本保障，为个体提供力量。在个体的成长过程中，个体对外界环境的感知和利用也是影响成长的重要因素。

现有研究一般从社会支持来源和社会支持行为两个方面对社会支持进行分类。按照社会支持的来源，可以将社会支持分为家庭内部支持、朋友支持以及政府支持等。Thoits 认为，社会支持是与个体有直接关系的家庭成员、亲戚、朋友、同事以及邻居等为个体提供帮助和支持的功能。社会情感帮助、实际帮助和信息帮助是社会支持的重要组成部分。Cobb 在研究中指出，社会支持包括被爱、被尊重以及归属。House 和 Kahn 在研究中指出，社会支持包括情感支持、工具支持、信息支持以及评价支持。Barrera 和 Ainlay 认为，社会支持可以分为物质的帮助、行为的援助、亲密的交往行为、指导、反馈、积极的社会交往六个方面。

企业服务人员与消费者经过密切交往和接触会产生个人关系，这种个人关系作为一种社会支持是否也能为消费者带来幸福感呢？目前的相关研究还比较欠缺。

2.6.3 自我决定理论

20 世纪 80 年代，美国心理学家 Deci 和 Ryan 首次提出了自我决定理论。随着自我认知动机理论的发展，自我决定理论也越来越受到重视并逐渐发展成为系统性理论。自我决定理论认为，人天生具有自我发展和自我实现的需求和潜能，具有主观能动性，具有积极主动的意识，能够进行自我决定。自我决定是在平衡外在环境和内在需求的基础上，对自身的行动进行自主选择。

自我决定理论认为，人的行为是基于内在需求的满足状态而产生的，自我对动机的形成产生重要作用。学者在研究中发现，个体的自主需要、胜任需要以及归属需要是促进个体健康成长和发展的基本需要。其中，自主需要是个体基于内在需求和愿望产生，从事能够满足其兴趣和促进其发展行为的过程；胜任需要是个体感知到自身具有从事和掌控某项活动的能力；归属需要是个体对外界环境中他人的支持、关心和认同理解的需要。当这三种需要得到满足时，个体将会健康地发展并完成自我实现的目标。个体自我决定的倾向越高，越能产生符合其兴趣、促进其健康成长和自我实现的行为。当然，个体最终是否能完成健康成长和自我实现的目标也受到外界环境的影响作用。

自我决定理论的研究多应用于人力资源管理领域。Chirkov 等在研究中指出，不论是集体主义还是个人主义的文化氛围，只要管理者能够对员工进行自主性方面的支持，便能满足员工自主性、胜任感以及归属感的心理需要，这种心理需要能够激发员工的内在动力。Hardré 和 Reeve 研究发现，可以通过培训来改善管理者的领导风格，增加其自主性支持的管理风格，这种风格可以促使员工发挥更大的自主性和能动性。

由于行为是在人们心理需要得到满足的基础上形成的，消费者在进行服务消费的过程中，不同的心理需要会产生不同的行为。本研究以自我决定理论为基础，探究不同独特性需求水平的消费者在不同合作生产行为下对消费者幸福感的影响机制。

2.6.4 马斯洛需求层次理论

美国心理学家马斯洛在 1943 年出版的《人类激励理论》中首次提出了马斯洛需求层次理论。马斯洛认为，人会依据自身状况产生相应的需求，状况不同，需求也不同。人的需求是具有层级的，分为五个层级：生理需求、安全需求、社交需求、尊重需求和自我实现需求。当人们的一个层级需求得到基本满足后，就会引发另一个层级的需求。

生理需求是人的最底层需求，是人们满足其正常生理体能运转的需求，如吃得饱、穿得暖等。生理需求是推动人们行动最首要的动力，但并不是人的唯一需求。满足生理需求仅是满足了人的最基本需求，并不能引起人们对生活的满足，人们还需要更高层级的需求。安全需求是生理需求之上的第二层需求，是人们追求的保障其生理健康和心理健康的需求。当人们满足了生理需求之后，就会希望生活在安全稳定的环境中，并对威胁其生存的环境产生厌恶，不希望生活在焦虑、不安等因素中，产生人身安全、人身健康、心理健康和财产安全等需求。当人们满足了生理需求和安全需求之后，便会产生社交需求。人是社会动物，需要与他人进行正常的沟通和交流，以获得精神方面和物质方面的满足感。情感和归属感是社交需求的最基本组成。人们渴望亲情、渴望友情也渴望爱情，当这些社交需求得到满足后，人们才会感觉到温暖。在生理需求、安全需求和社交需求得到满足后，人们希望自己能够得到他人的尊重，即尊重需求。人们总希望自己的努力和成就可以得到他人认可、受到他人尊重。当人们的尊重需求得到满足时，便会感受到自身的重要性，对自己的生活感到满足并对未来充满信心。自我实现需求是人们最高层级的需求，是人们自我价值实现的需求。在实现了生理需求、安全需求、社交需求和尊重需求之后，人们希望能够实现自身价值，为他人、为社会做出贡献。

人们购买服务、与他人沟通交流都是为了满足自身需求。只有满足了自身需求才能获得满足感和积极的情感。因此，马斯洛需求层次理论较好地揭示了消费者幸福感的来源。本研究基于马斯洛需求层次理论，探究消费者在服务消费过程中与企业服务人员产生的个人关系对消费者幸福感的影响机制。

2.7 文献述评

学者普遍认为，营销学界应该更多关注消费者幸福感。通过对现有研究成果的回顾发现，学者围绕消费者幸福感开展了较为丰富的研究。消费者幸福感研究已经处于与企业绩效、顾客满意、顾客忠诚等研究同等重要的地位。

现有研究成果为本研究的开展提供了理论基础。在影响因素方面，现有研究从组织视角和综合视角分别对消费者幸福感的影响因素开展了相关研究。组织视角的消费者幸福感影响因素研究主要从宏观层面考察了市场营销者和政策制定者如何将消费者幸福感作为一项价值观念来指导决策。消费者如何选择那些能够带给自己幸福和利益的消费对象和消费行为。在综合视角方面，Anderson 等学者构建的消费者幸福感形成的概念性理论框架是对消费者幸福感影响因素的基本认知。该理论框架从服务实体和消费者实体两个视角分析了可能影响消费者幸福感的因素，包括服务人员、服务过程、服务提供物、服务组织或部门、消费者个体、群体和生态系统等方面。

通过对现有研究文献的梳理，消费者幸福感的前因及其对消费者幸福感的影响机制研究还存在一些不足，需要进行更加深入的探究和完善。

第一，基于服务消费领域的消费者幸福感研究欠缺。现有研究较多关注有形实体产品消费，对服务领域消费者幸福感的关注较少。当今社会，服务消费已覆盖消费者生活各个方面，成为消费者幸福感获取的重要途径。因此，深入探究基于服务消费的消费者幸福感形成机制意义重大。

第二，研究视角相对单一。现有研究主要从服务的两大主体，即服务实体和消费者实体两个视角探讨了服务人员、服务过程和服务产品、服务组织或部门、消费者个体、群体、生态系统等方面因素对消费者幸福感的影响，忽略了服务实体和消费者实体相结合的视角。在服务消费过程中，服务实体与消费者实体广泛交互，特别是在服务行业，服务人员与消费者接触频繁且广泛，服务人员与消费者之间的个人关系可能是影响消费者幸福感的重要因素。因此，在消费者幸福感形成机制的探究中，有必要增加从服务实体与消费者个体情感视角，探究其对消费者幸福感的影响机制。

第三，在实证研究方面，影响消费者幸福感的前因及其作用机制未充分揭示。现有研究对消费者幸福感影响因素进行了理论构建，但相关影响因素对消费者幸福感作用机制的实证研究还相对不足，并且缺少体现中国文化特征因素的本土化研究。

在服务实体因素方面，现有研究对影响消费者幸福感的服务过程和服务产品方面的因素进行了广泛探讨，如服务产品的功能、便利性、产品类型、服务设施等，但表达价值和意义的服务提供物方面的影响因素（如服务仪式）对消费者幸福感的作用机制研究还不够深入。当今服务行业同质化竞争激烈，服务仪式的相关研究尚处于起步阶段。有学者提出，服务仪式可以作为品牌幸福感的预测指标。因此，探究既能表达服务产品的价值和意义，又具有可重复模式的服务仪式对消费者幸福感的影响机制具有重要的理论意义和实践价值。

在消费者实体因素方面，现有研究从消费者个体、群体和生态系统等方面对消费者幸福感的影响因素进行了探讨。在影响消费者幸福感的消费者个体因素方面，主要从消费者个人特征（如个人偏好、知识水平、婚姻状况等）和感知价值等角度进行探讨，缺少从消费者组织社会化视角对消费者幸福感的影响作用机制进行深入研究。在服务消费领域，消费者在服务交互中自主意识增强，承担着更多的工作并发挥着更重要的作用。以往关于组织社会化的研究主要集中在员工领域，对消费者组织社会化的关注较少。消费者组织社会化是服务经济时代企业对消费者有效管理的重要手段，因此，探究消费者组织社会化对消费者幸福感的影响机制是非常必要的。

在服务实体与消费者实体情感因素方面，现有研究中具体研究变量主要基于西方文化背景进行选取，忽略了在服务交互中服务人员与消费者的情感因素对消费者幸福感的影响。在中国文化背景下，个人关系在社会交往中发挥重要作用。以往研究在个人关系对企业绩效、渠道控制、依赖性与顾客忠诚等方面取得了一定的研究成果，但将个人关系作为消费者幸福感前因的研究暂未发现，因此，探究个人关系对消费者幸福感的影响机制具有重要的理论意义和本土适用性。

第四，消费者幸福感的定义和测量受到局限。现有研究中，消费者幸福感的定义和测量仍以心理学中主观幸福感和基于实体产品消费的幸福感的定义和测量为主。现有研究已从主观幸福感转向现实主义幸福感，并且服务消费与实体产品消费存在较大差异，主观幸福感和基于实体产品消费对消费者幸福感的定义和测量具有一定的局限性，不能准确刻画服务消费领域消费者幸福感的内涵。采用服务消费情境下的消费者幸福感定义和测量工具对服务消费领域的消费者幸福感形成机制进行深入探讨亟待开展。

3 服务仪式对消费者幸福感的影响

本章从服务实体中的服务提供物视角出发，以符号互动理论和自我决定理论为基础，结合占有心理学理论和意义流动模型，探讨服务仪式对消费者幸福感的影响，分析服务已化在服务仪式对消费者幸福感影响上的中介作用，消费者关系需要的差异在服务已化对消费者幸福感影响中的调节作用，以及关系需要的差异调节服务已化在服务仪式对消费者幸福感影响上的中介作用。

3.1 研究假设

根据符号互动理论，服务仪式有助于促进消费者产生积极心理反应，形成个体体验和积极情感。根据占有心理学理论，服务已化有助于理解服务如何影响消费者幸福感。服务仪式是服务提供者向消费者传递和表达服务组织或品牌价值与意义的重要途径。根据意义流动模型，当消费者能理解仪式所包含的一系列行动或活动的意义，并生成和赋予服务其个人意义，使服务为其个人所拥有，消费者会产生积极的心理反应，形成个体体验和积极情感。在这一过程中，消费者并不只是被动接受服务组织传递的价值和意义，其在汲取意义的同时还会注入个人意义。由此可见，消费者与服务间的拥有性关系状态是揭示服务仪式引发消费者积极心理反应机制的重要内容。此外，自我决定理论指出，关系需要是个体的三大基本心理需要之一，对幸福感至关重要。相对于关系需要程度较低的消费者，关系需要程度较高的消费者与服务建立起已化关系，会产生更为强烈的幸福感。

基于上述分析，建立如图 3-1 所示的概念模型。本章研究认为，服务仪式对满足感和积极情感具有直接影响；服务仪式通过消费者服务已化对满足感和积极情感产生影响；消费者关系需要调节服务己化对消费者幸福感（满足感和积极情感）的影响；关系需要调节服务己化在服务仪式对消费者幸福感影响上的中介作用。

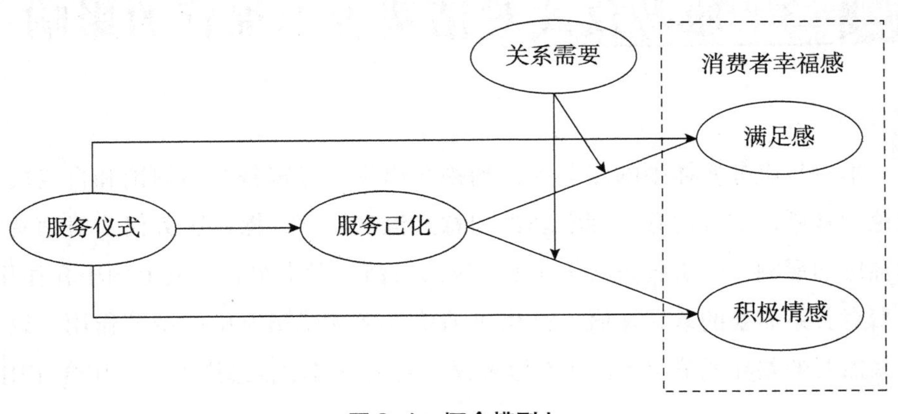

图 3-1 概念模型 I

3.1.1 服务仪式与消费者幸福感

仪式是一种既能表达价值和意义，又有可重复模式、规律的系列活动。在服务研究领域，Otnes 等提出了服务仪式概念，将其定义为在服务接触中，一系列正式的、具有可重复模式、表达价值和意义的活动。卫海英和毛立静认为，服务仪式是仪式在服务场景中的运用，指由服务者发起的一系列正式的、可重复的、具有非直接功能的行为或活动，对增强客户体验和服务组织经营绩效有重要作用。服务仪式对消费者服务体验具有影响。现有研究指出，服务仪式对消费者感知价值、幸福感、积极情感、自我效能感、顾客满意、群体认同、再购行为等存在影响。

服务消费情境下的消费者幸福感指在服务消费过程中，消费者通过对产品或服务的消费感到满足时形成的一种积极情感，包括满足感和积极情感两个维度。其中，满足感是消费者自己内心的一种比较知足的主观状态，包括买到喜欢的产品/服务、感到知足、感到被尊重和重视、感到满意等情形。积极情感是消费者形成的一种积极情感状态，更多强调快乐感受。在服务实体因素方面，服务递送或互动过程设计对消费者幸福感具有影响作用。符号互动理论认为，个体在互动过程中以符号（如语言、文字、手势、表情等）来表达意念、价值与思想。仪式是多种符号表达意义的程序化行为，服务提供者通过服务仪式的一切符号及其关联物注入服务组织或品牌的象征价值和意义，并向消费者传递和流动。服务仪式成为表达意义的行为活动，有助于消费者印象管理或自我呈现，并对行为活动的意义做出反应。当消费者认为服务仪式能使服务成为其构建和表达自我概念的资源，消费者会对服务产生强烈的情感反应。消费者幸福感作为服务消费活动中消费者对产品或服务的消费感到满足时形成的一种积极情感，可能受到服务仪式的正向影响。卫海英和毛立静从互动仪式链视角证实了服务仪式对个体主观幸福感具有正向影响。Underwood 等在餐饮服务背景下的研究中指出，餐馆能通过服务仪式的应用塑造服务氛围并提升顾客感知愉悦。Cervellon 和 Coudriet 通过对奢侈品消费者访谈的探索性研究发现，仪式能提升消费者对产品的珍爱。Siehl 和 Pearson 认为，在服务接触中，员工会遵循仪式的脚本来正确地表达情绪，这有助于提高消费者满意度。Otnes 等指出，仪式对消费者乐趣和满意具有积极影响。Vohs 等通过研究指出，仪式有助于提升消费者兴趣。综上所述，提出如下假设：

H1a：服务仪式对满足感有正向影响。

H1b：服务仪式对积极情感有正向影响。

3.1.2 服务仪式与服务己化

服务己化是契合营销理论与实践发展阶段对顾客与服务提供物间关系认识的一个新概念，由 Mifsud 等基于哲学、环境心理学、社会学和营销学等多领域中己化概念相关文献提出。周天舒等学者基于对多领域拥有性心理相关研究的梳理和回顾，将存在主义哲学、拥有性心理理论、占有心理学理论、“占有物作为延伸自我”理论观点和心理所有权理论作为服务己化概念的理论基础，结合现有研究对己化概念的理解和释义，将服务己化定义为顾客个体与服务间的广义拥有性关系；是顾客个体将服务化为己有的状态，是顾客与服务建立的高质量、深层次的联结，使服务深入顾客内心，具有合化连通性；

是顾客在服务关系上感知自我的方式；是顾客对服务超出物权的拥有性。现有研究对顾客服务已化可能的前因和结果变量进行了探讨。现有研究指出，顾客服务已化受到服务递送和顾客个体等方面因素的影响，同时会引发个体的态度、情感、动机等心理活动和行为结果。

服务环境、服务特征和服务组织等服务递送因素对服务已化具有影响。个体存在通过消费具有象征意义的产品或服务来强化或表达其自我概念的倾向。拥有和个体自我概念密切相关，个体通过拥有某一对象来构建和表达自我。前已述及，服务组织或品牌通过服务仪式向消费者传递和表达其象征价值和意义。根据意义流动模型，在仪式互动中，意义双向流动，消费者汲取意义同时也注入个人意义。通过意义的汲取与注入，服务成为具有特殊意义的对象，也成为其个人意义的载体，能够构建和反映消费者自我。通过这一过程，消费者与服务建立起紧密的联系，成为服务的拥有者，满足其构建和表达自我的需要。因此，服务仪式能够促进消费者与服务间拥有性关系的建立和形成。Carù 和 Cova 指出，仪式通过影响消费者已化心理过程进而促进其沉浸。综上所述，提出如下假设：

H2：服务仪式对服务已化有正向影响。

3.1.3 服务已化的中介作用

占有心理学理论指出，占有心理会带来情感。个体对有形或无形对象的拥有感知会引发个体积极情感的产生。消费者幸福感是消费者通过对产品或服务的消费感到满足时形成的一种积极情感。当消费者与服务提供物间建立起已化关系，消费者对服务产生“属于我的”“归我”等拥有或占有感受，进而形成满足感和积极情感。Belk 指出，个体通过占有物表达自我，并通过使用占有物寻求幸福。Gruen 和 Darpy 指出，已化对个体幸福感具有重要作用。Mick 等指出，服务已化可能影响个体幸福感。Beggan 在其提出的纯粹所有权效应中指出，拥有会促使个体对拥有物更加喜爱，即拥有者会对拥有对象产生更为喜欢的评价。Mifsud 等指出，通过对服务的了解、自身角色意识的增强和对服务递送过程的适应，顾客会更合理地调整和控制甚至降低自己的预期，也可能使服务递送更顺利并减低服务差错，从而影响顾客满意。Nuttin 指出，已化对自我满足具有积极影响。Mifsud 等指出，服务已化对愉悦和满意具有正向影响。Belk 和 Locke 等学者在研究中指出，个体拥有性心理可能对自尊、兴趣等积极情感存在正向影响。因此，服务已化对满足感和积极情感具有正向影响。综上所述，提出如下假设：

H3a：服务已化对满足感有正向影响。

H3b：服务已化对积极情感有正向影响。

Mifsud 等指出，服务已化有助于理解服务如何影响消费者幸福感。通过服务仪式活动，服务组织或品牌向消费者传递和表达其象征价值和意义，随着汲取和注入意义，消费者与服务建立起拥有性关系，对服务产生“属于我的”“归我”等拥有或占有感受，进而形成满足感和积极情感。结合以上论述可以推断，服务仪式能通过促进消费者与服务间建立拥有性关系，进而引发满足感和积极情感。综上所述，提出如下假设：

H4a：服务已化在服务仪式对满足感的影响中起中介作用。

H4b：服务已化在服务仪式对积极情感的影响中起中介作用。

3.1.4 关系需要的调节作用

关系需要是个体希望自己与他人有联系的倾向，表现为个体的亲和动机程度，对其内在状态和行为存在影响。根据自我决定理论，关系需要是个体的三大基本心理需要之一，个体基本心理需要的满足对幸福至关重要。与关系需要程度低的消费者相比，关系需要程度高的消费者希望与他人建立联系的倾向更高，因渴望与他人建立和维持联系引发的内心不平衡更加强烈。个体与拥有对象建立的联系能在一定程度上缓解其因渴望与他人建立和维持联系引发的内在不平衡。关系需要水平不同的消费者对关系需要满足后反应程度不同。相对于关系需要程度低的消费者，关系需要程度高的消费者感知服务已化关系对其因渴望与他人建立和维持联系而引发的内在不平衡的缓解会更敏感，对关系需要满足的反应更强烈，从而形成对满足感和积极情感更强的效应。因此，关系需要在服务已化与消费者幸福感之间起调节作用。关系需要程度越高，服务己化对满足感和积极情感的影响越大。综上所述，提出如下假设：

H5a：关系需要对服务己化与满足感的关系具有调节作用。关系需要程度越高，服务己化对满足感的影响越大。

H5b：关系需要对服务己化与积极情感的的关系具有调节作用。关系需要程度越高，服务己化对积极情感的影响越大。

在服务仪式互动中，消费者通过象征意义的汲取和表达建立起与服务间的己化关系，因为这种己化关系带来对服务的拥有性感知，进而形成满足感和积极情感。根据陈晓萍等论述的观点，自变量通过中介变量对结果变量产生的间接关系，以及中介变量与结果变量间关系随调节变量的不同水平而变化，说明自变量对因变量的间接效应会随着调节变量对中介变量和结果变量之间关系的调节而发生变化。结合以上论述可以推断，服务仪式对满足感和积极情感的间接效应会随着关系需要对服务己化与满足感和积极情感之间关系的调节而发生变化。具体而言，相较于低关系需要的消费者，高关系需要的消费者对服务己化关系可能带来的内在不平衡的缓解更为敏感。在服务仪式互动中，相对于关系需要程度较低的消费者，关系需要程度较高的消费者在通过意义双向流动与服务建立起拥有性关系时，内在不平衡得到的同水平缓解会产生更为强烈的反应，形成更高水平的满足感和积极情感。综上所述，提出如下假设：

H6a：关系需要调节服务己化在服务仪式与满足感关系间的中介作用。关系需要程度越高，服务己化在服务仪式与满足感间的中介作用越强。

H6b：关系需要调节服务己化在服务仪式与积极情感关系间的中介作用。关系需要程度越高，服务己化在服务仪式与积极情感间的中介作用越强。

3.2 研究设计

3.2.1 变量测量

本章研究涉及服务仪式、服务己化、消费者幸福感、关系需要 4 个变量，以及人口统计学特征和服务消费特征等控制变量。除类别变量（人口统计学特征变量和服务消费特征变量）以外，其余变量均采用李克特5级量表，从“1”到“5”表示从“非常不同意”到“非常同意”。

为确保量表的内容效度，在初始量表选取上，本研究选用国内外相关研究中较成熟的量表对模型中的变量进行测量，并设计被试者自行填答的调研问卷。为避免语义差异对调研问卷质量的影响，遵循 Brislin 推荐的翻译-回译程序，其流程为：先将英文量表翻译成中文，再将翻译成中文的量表回译成英文。首先，在测量前，由英语专业研究生和企业管理专业博士对选取的国外成熟量表进行两轮的中英文互译，并根据本研究基于服务行业的背景进行适当调整。然后，邀请2名管理学院副教授和2名企业管理专业博士对原始英文量表、中文译文量表、回译英文量表进行审读和修订，调整量表题项中容易产生歧义、语义表达不清晰、翻译生硬的题项，初步形成本研究的调研问卷。最后，选取60个样本对问卷进行预测试，根据测试结果再次调整部分语义不清晰的题项，并在企业管理专业教授审定后形成正式的调研问卷。

调研问卷结构包括标题、调研说明、问卷填写背景引导语、测量题项和结束语。其中，调研说明通过介绍调研目的和动机等来消除被试者顾虑。问卷填写背景引导语通过对服务仪式概念的叙述和实例列举，使被试者对服务仪式的概念更加清晰和形象化，同时引导被试者回忆经历过的服务仪式，为被试者更准确回忆其体验到仪式感的服务经历奠定基础，提升样本的有效性。问卷内容主要包括三个部分：①服务消费经历情况的调查，包括服务消费活动的类型、服务消费的次数和服务仪式互动中的角色，用于考察被试者服务消费的基本情况。②服务消费感受，包括服务仪式、服务己化、消费者幸福感（满足感、积极情感两个维度）、关系需要变量的测量题项，考察被试者对各变量的感知情况。③被试者的基本资料，包括性别、年龄、教育背景、职业、月可支配收入情况等，考察被试者的个人基本情况，具体问卷详见附录1。本研究的主要变量测量题项及来源如表3-1所示。

表 3-1　　　　测量题项及来源

<table>
<tr><th colspan="2">变量</th><th>编号</th><th>题项</th><th>来源</th></tr>
<tr><td colspan="2" rowspan="3">服务仪式（SR）</td><td>SR1</td><td>我认为此次服务互动形式很特殊</td><td rowspan="3">Kapitány 和 Nielsen</td></tr>
<tr><td>SR2</td><td>我认为此次服务具有仪式化色彩</td></tr>
<tr><td>SR3</td><td>我认为此次服务让我印象深刻</td></tr>
<tr><td colspan="2" rowspan="8">服务己化（SA）</td><td>SA1</td><td>我了解我在服务中扮演的角色</td><td rowspan="8">周天舒等</td></tr>
<tr><td>SA2</td><td>我能意识到商家或服务人员为我提供的是什么样的服务</td></tr>
<tr><td>SA3</td><td>在服务中，我根据自己的需求创造（选择）我个人的服务内容和方式</td></tr>
<tr><td>SA4</td><td>在服务中，我感到对服务的拥有感</td></tr>
<tr><td>SA5</td><td>在服务中，我可以做我自己想做的</td></tr>
<tr><td>SA6</td><td>在服务中，我感受到对服务的掌握和控制</td></tr>
<tr><td>SA7</td><td>在服务中，我表达了自己的需要和期望</td></tr>
<tr><td>SA8</td><td>我认为这是属于我的服务</td></tr>
<tr><td rowspan="11">消费者幸福感</td><td rowspan="6">满足感（CS）</td><td>CS1</td><td>这次消费让我能买到自己喜欢的服务</td><td rowspan="11">张跃先等</td></tr>
<tr><td>CS2</td><td>这次服务消费让我感到知足</td></tr>
<tr><td>CS3</td><td>服务消费过程中感觉自己受到尊重和重视</td></tr>
<tr><td>CS4</td><td>这次服务消费让我感到超值</td></tr>
<tr><td>CS5</td><td>这次服务消费让我感到满意</td></tr>
<tr><td>CS6</td><td>这次服务消费让我感到满足</td></tr>
<tr><td rowspan="5">积极情感（PA）</td><td>PA1</td><td>这次服务消费让我感到愉快</td></tr>
<tr><td>PA2</td><td>这次服务消费让我感到惊喜</td></tr>
<tr><td>PA3</td><td>这次服务消费让我感到轻松</td></tr>
<tr><td>PA4</td><td>这次服务消费让我感到开心</td></tr>
<tr><td>PA5</td><td>这次服务消费让我感到享受</td></tr>
<tr><td colspan="2" rowspan="5">关系需要（RN）</td><td>RN1</td><td>我想通过微信或电话语音联系朋友们</td><td rowspan="5">Baek 等</td></tr>
<tr><td>RN2</td><td>我想花时间和密友相处</td></tr>
<tr><td>RN3</td><td>我想约朋友们出去</td></tr>
<tr><td>RN4</td><td>我想给朋友们发信息</td></tr>
<tr><td>RN5</td><td>我想和朋友或某个重要的人一起计划点什么</td></tr>
</table>

服务仪式主要参考 Kapitány 和 Nielsen 开发的服务仪式量表进行测量，共3个题项。服务已化主要参考周天舒等开发的顾客服务已化量表进行测量，共8个题项。消费者幸福感主要参考张跃先等基于服务消费情境开发的消费者幸福感量表进行测量。该量表由满足感和积极情感两个维度构成，其中，满足感是一种消费者内心比较知足的主观状态，包括知足、满意等；积极情感是消费者形成的积极的情感状态，包括愉快、轻松等。该量表强调消费者在消费过程中获得的积极心理反应，与本研究对消费者幸福感的定义相符，共11个题项。关系需要主要参考 Baek 等开发的关系需要量表进行测量，共5个题项。本研究将性别、年龄、教育背景、职业、月可支配收入等人口统计学特征，以及服务消费活动的类型、服务消费的次数、服务仪式互动中的角色等服务消费特征作为控制变量。

3.2.2 样本选取与数据收集

由于服务仪式发生在服务互动场景中，是服务者与消费者之间的即时互动行为，具有物理同在性，如“满族春饼”餐厅“摇拉皮”表演仪式、“谭鸭血”餐厅“揭封条、开鸿运”仪式、SPA 馆提供应季鲜花泡脚等。这些服务仪式互动多发生于线下服务接触中，因此，本研究选择具有线下服务经历的消费者作为研究样本进行调研。本研究主要采用通过在专业问卷调查平台购买样本服务的方式进行数据收集。在线购买样本问卷的优点是不易受到滚雪球法带来的样本分布在地域、年龄、教育背景等方面的限制，保证样本的代表性及研究结论的可靠性和有效性。问卷包括对服务消费情况、服务仪式、服务已化、消费者幸福感、关系需要以及人口统计学特征变量的测量。问卷调查共发放问卷600份，回收问卷519份，问卷回收率为86.5%。经过甄别筛选后得到有效问卷370份，有效问卷回收率为71.3%。

对调查样本进行描述性统计分析，样本基本情况如表3-2所示。样本中男性占47.0%，女性占53.0%；年龄主要集中在18~45岁，占94.6%；在教育背景上，大学本科及以上学历的样本占82.7%；职业以企业职员（63.8%）、公务员/事业单位人员（15.1%）和学生（10.8%）为主；月可支配收入在4000元以上的样本占76.8%。在服务消费类型方面，以旅游(62.2%)、休闲娱乐（16.2%）和餐馆就餐（10.3%）为主；消费次数主要集中在2~5次，占62.7%；消费者在服务仪式互动角色上，主要参与（自己主要完成）占33.0%，共同参与（与服务人员共同完成互动）占38.4%，观察者（未直接参与）占28.6%。

表3-2　样本概况

变量	类型	频次	百分比（%）
性别	男性	174	47.0
	女性	196	53.0
年龄	18岁以下	2	0.5
	18~25岁	76	20.5
	26~35岁	210	56.8
	36~45岁	64	17.3
	46岁以上	18	4.9
教育背景	大专以下	10	2.7
	大专	54	14.6
	本科	278	75.1
	研究生及以上	28	7.6
职业	学生	40	10.8
	企业职员	236	63.8
	公务员/事业单位人员	56	15.1
	自由职业者	26	7.0
	个体经营者	12	3.2
	其他	0	0.0
月可支配收入	2000元以下	30	8.1
	2000~3999元	56	15.1
	4000~5999元	64	17.3
	6000~7999元	108	29.2
	8000元及以上	112	30.3

续 表

变量	类型	频次	百分比（%）
服务消费类型	美容美发	26	7.0
	休闲娱乐	60	16.2
	旅游	230	62.2
	餐馆就餐	38	10.3
	其他	16	4.3
服务消费次数	仅 1 次	64	17.3
	2~5 次	232	62.7
	6~9 次	34	9.2
	10 次及以上	40	10.8
互动角色	主要参与	122	33.0
	共同参与	142	38.4
	观察者（未直接参与）	106	28.6

3.3 数据分析

3.3.1 同源方差检验

同源方差检验也称为共同方法偏差检验或共同方法变异检验，指两个变量由于数据来源相同或被试者的测量环境相同、测量方法相同、题项语境以及题项本身的特质而造成变量之间的人为共变。同源方差在问卷调查中普遍存在，属于系统误差，变量之间的虚假相关可能会对研究结果造成严重混淆和误导，因此需要严格控制。

同源方差可以通过程序控制和统计控制两种方式降低误差。其中，程序控制指在测量过程中采取措施加以控制，如来源不同的被试者、采取匿名性测试、减少被试者对题项的猜度，以及在问卷布局上平衡题项顺序等；统计控制指采用统计分析方法对同源方差进行检验及处理，主要采用的方法包括

Harman 单因素检验法、偏相关法、验证性因子分析等。

本研究虽然采用了匿名填写等方式对问卷调查进行程序控制，但由于每份问卷均由同一名被试者在相同的时间填答完成，并且采用相同的调查工具，可能会产生同源方差问题，因此需要对同源方差进行检验。本研究采用 Harman 单因素检验法对同源方差进行统计控制，运用 SPSS22.0 数据分析软件对问卷中的所有测量题项进行主成分因子分析，在未旋转情况下得到的第一主成分为 35.599%，小于临界值 50%的判断指标。表明本研究第一主成分没有解释大部分变量，同源方差不严重。

3.3.2 信度检验与效度检验

3.3.2.1 信度检验

信度指用多个测量指标测量同一概念的一致性程度。学术界测量信度最常用的方法是内部一致性信度，由 Cuieford 在 1965 年提出的克朗巴哈（Cronbach's α）系数作为衡量标准，并以 α 大于 0.7 作为普遍认可的可接受水平，表明该构念每一个维度的可靠性较高，即信度较高。

有学者指出，Cronbach's α 系数在评价测量指标信度时存在一些局限性，如 α 系数是所有信度估计的下限等。使用验证性因子分析求复合信度（Composite Reliability，CR）可以解决 Cronbach's α 系数评估信度的不足。CR 用来评价一组潜变量间的一致性程度，它也是一致性检验的一个重要指标。CR 值大于或等于 0.5 时，表示具有较高的一致性。

结合 Cronbach's α 系数和 CR 值检验测量指标的信度，以确保测量的严谨性和科学性。本研究采用 SPSS22.0 数据分析软件进行可靠性分析，计算各测量量表的 Cronbach's α 值；采用 AMOS21.0 结构方程建模软件进行验证因子分析，根据得出的标准化因子载荷计算各测量量表的 CR 值，信度分析结果如表 3-3 所示。

由表 3-3 可以看出，各变量的 Cronbach's α 值在 0.792~0.896，均高于 0.7，表明本研究的量表有较高的内部一致性。根据验证性因子分析的载荷系数计算出的各变量的 CR 值在 0.809~0.894，均高于 0.5，表明本研究的量表有较好的可靠性和稳定性。

表 3-3 信度分析结果

变量	编号	题项数	Cronbach's α 值	CR 值
服务仪式	SR	3	0.792	0.809
服务己化	SA	8	0.896	0.894
满足感	CS	6	0.861	0.892
积极情感	PA	5	0.832	0.841
关系需要	RN	5	0.830	0.833

3.3.2.2 效度检验

效度指测量的正确性，即量表能否测量到所要测量的潜在概念。效度检验主要包括内容效度和建构效度，其中，建构效度包括收敛效度和区别效度。

①内容效度又称逻辑效度，通过翻译-回译结合本研究的研究背景和研究目的进行适当语义调整，企业管理专业研究者审定，以及对 60 个样本进行预测试，可以认为本研究的量表在一定程度上涵盖了所要测量的构念，且语义清晰、准确、精练，具有较好的内容效度。

②收敛效度又称聚合效度，是指测量同一概念不同题项之间的相关度，用以检验不同测量指标是否可以用来测量同一潜变量。衡量收敛效度的高低主要依据潜变量与观测变量之间的标准化因子载荷在显著性水平下（$P<0.05$）是否大于 0.5；平均方差提取值 AVE（Average Variance Extracted，AVE）是否大于 0.5。

采用 AMOS21.0 结构方程建模软件构建结构方程模型，进行验证性因子分析，检验量表的收敛效度。各变量测量模型拟合指标结果如表 3-4 所示。各变量的收敛效度检验结果如表 3-5 所示。

内容效度指测量内容在多大程度上反映或代表研究者所要测量的构念，是建立建构效度的必要前提。内容效度主要依赖于研究者对构念内涵及题项语义的把握。为保证量表的内容效度，所选取的量表均经过实证检验具有良好信度和效度。

表 3-4 测量模型拟合指标结果

	χ^2/df	CFI	IFI	TLI	GFI	RMSEA
模型	1.907	0.948	0.949	0.939	0.903	0.050
标准	<5.0	>0.9	>0.9	>0.9	>0.9	<0.08

由表 3-4 可以看出，χ^2/df 等于 1.907，小于 5.0；CFI 等于 0.948，IFI 等于 0.949，TLI 等于 0.939，GFI 等于 0.903，均大于 0.9；RMSEA 等于 0.050，小于 0.08。这表明测量模型达到了较好的拟合水平。

由表 3-5 可以看出，各变量的标准化因子载荷均大于 0.5，介于 0.641～0.831，小于 1。根据标准化因子载荷计算 AVE 值，如表 3-5 所示。各变量的 AVE 值均大于 0.5，表明量表具有较好的收敛效度。

表 3-5 收敛效度检验结果

变量	编号	题项	标准化因子载荷	AVE
服务仪式（SR）	SR1	我认为此次服务互动形式很特殊	0.791	0.588
	SR2	我认为此次服务具有仪式化色彩	0.668	
	SR3	我认为此次服务让我印象深刻	0.831	
服务己化（SA）	SA1	我了解我在服务中扮演的角色	0.739	0.514
	SA2	我能够意识到商家或服务人员为我提供的是什么样的服务	0.685	
	SA3	在服务中，我根据自己的需求创造（选择）我个人的服务内容和方式	0.716	
	SA4	在服务中，我感到对服务的拥有感	0.691	
	SA5	在服务中，我可以做我自己想做的	0.753	
	SA6	在服务中，我感受到对服务的掌握和控制	0.705	
	SA7	在服务中，我表达了自己的需要和期望	0.735	
	SA8	我认为这是属于我的服务	0.709	

续 表

变量	编号	题项	标准化因子载荷	AVE
满足感（CS）	CS1	这次消费让我能买到自己喜欢的服务	0.819	0.581
	CS2	这次服务消费让我感到知足	0.735	
	CS3	服务消费过程中感觉自己受到尊重和重视	0.741	
	CS4	这次服务消费让我感到超值	0.724	
	CS5	这次服务消费让我感到满意	0.767	
	CS6	这次服务消费让我感到满足	0.782	
积极情感（PA）	PA1	这次服务消费让我感到愉快	0.791	0.515
	PA2	这次服务消费让我感到惊喜	0.725	
	PA3	这次服务消费让我感到轻松	0.712	
	PA4	这次服务消费让我感到开心	0.641	
	PA5	这次服务消费让我感到享受	0.712	
关系需要（RN）	RN1	我想通过微信或电话语音联系朋友们	0.662	0.500
	RN2	我想花时间和密友相处	0.667	
	RN3	我想约朋友们出去	0.714	
	RN4	我想给朋友们发信息	0.693	
	RN5	我想和朋友或某个重要的人一起计划点什么	0.792	

③区别效度指不同的潜变量是否存在显著差异，或不同潜变量测量指标的不相关程度。区别效度通常通过分析测量题项的相关矩阵来判断有效性。具体如下：第一，如果同一潜变量下的不同测量题项之间的相关系数都大于该潜变量的测量题项与其他潜变量的测量题项之间的相关系数，说明该潜变量的测量题项具有较高的区别效度；第二，如果任何两个潜变量之间的相关系数加减两倍标准误差的置信区间不包括 1，也说明潜变量的测量题项具有较高的区别效度；第三，如果各潜变量的平均析出方差的平方根大于该潜变量与其他潜变量的相关系数，也说明测量题项具有较高的区别效度；第四，通过做两次验证性因子分析，根据自由度和χ^2 值判断区别效度。具体做法是先将各组潜变量间的相关系数设为固定值 1 做验证性因子分析，得到第一次的自由度和χ^2 值。接着将被固定的潜变量间的相关系数设为自由估计，做第二

次验证性因子分析，得到第二次的自由度和χ^2值。比较两次的自由度和χ^2值。设为自由估计模型的自由度要比设为固定值的自由度大 1，相应的χ^2值也高。如果两次的χ^2值具有显著差异，则说明各潜变量的测量题项区别效度较高。

通过比较各变量 AVE 的平方根及其与其他变量的相关系数检验量表的区别效度。变量间相关系数区别效度检验结果如表 3-6 所示，对角线上加粗表示的数值为各变量 AVE 的平方根。由表 3-6 可知，各变量 AVE 的平方根分别为 0.767、0.717、0.762、0.718、0.707，均大于其与其他变量的相关系数，表明本研究各变量之间具有较好的区别效度。

表 3-6　　区别效度检验结果

变量	服务仪式	服务己化	满足感	积极情感	关系需要
服务仪式	**0.767**				
服务己化	0.412**	**0.717**			
满足感	0.505**	0.584**	**0.762**		
积极情感	0.369**	0.459**	0.685**	**0.718**	
关系需要	0.372**	0.411**	0.405**	0.245**	**0.707**

注：** $P<0.01$，对角线上加粗表示的数值为各变量 AVE 的平方根。

基于以上效度检验，本研究量表具有较好的收敛效度，各变量之间具有较好的区别效度，即具有较好的建构效度。综上所述，本研究量表具有较好的信度和效度。

3.3.3 相关分析

本研究主要变量间的相关分析如表 3-7 所示，相关系数为 Pearson 相关系数检验（双尾检验）结果。由表 3-7 可知，服务仪式、服务己化、满足感、积极情感、关系需要变量之间两两相关的关系显著。其中，服务仪式与满足感在 $P<0.01$ 的显著性水平上相关系数为 0.505，服务仪式与积极情感在 $P<0.01$ 的显著性水平上相关系数为 0.369，为本章假设 H1a、H1b 提供了初步支

持；服务仪式与服务己化在 $P<0.01$ 的显著性水平上相关系数为 0.412，为本章假设 H2 提供了初步支持；服务己化与满足感在 $P<0.01$ 的显著性水平上相关系数为 0.584，服务己化与积极情感在 $P<0.01$ 的显著性水平上相关系数为 0.459，为本章假设 H3a、H3b 提供了初步支持。

表 3-7 主要变量间的相关分析

变量	均值	方差	服务仪式	服务己化	满足感	积极情感	关系需要
服务仪式	4.166	0.534	**1**				
服务己化	4.003	0.507	0.412**	**1**			
满足感	3.917	0.615	0.505**	0.584**	**1**		
积极情感	3.964	0.619	0.369**	0.459**	0.685**	**1**	
关系需要	4.030	0.539	0.372**	0.411**	0.405**	0.245**	**1**

注：** $P<0.01$。

3.3.4 假设检验

采用 AMOS21.0 结构方程建模软件构建结构方程模型，结合 Bootstrap 方法进行数据分析，对总效应、直接效应和间接效应进行分析，对相关研究假设进行检验。以偏差校正的方法，构建 95%的置信区间，自体抽样 5000 次进行数据分析。修正后的路径模型拟合指标如表 3-8 所示。由表 3-8 可知，$\chi^2/df=2.281$，$P<0.001$，GFI = 0.902，IFI = 0.942，TLI = 0.931，CFI = 0.941，RMSEA = 0.059，表明数据与理论模型间的拟合关系良好。路径分析结果如图 3-2 所示。

表 3-8 路径模型拟合指标结果

	χ^2/df	CFI	IFI	TLI	GFI	RMSEA
模型	2.281	0.941	0.942	0.931	0.902	0.059
标准	<5.0	>0.9	>0.9	>0.9	>0.9	<0.08

3.3.4.1 服务仪式与消费者幸福感总效应关系检验

服务仪式对消费者幸福感（满足感和积极情感）总效应关系检验结果如

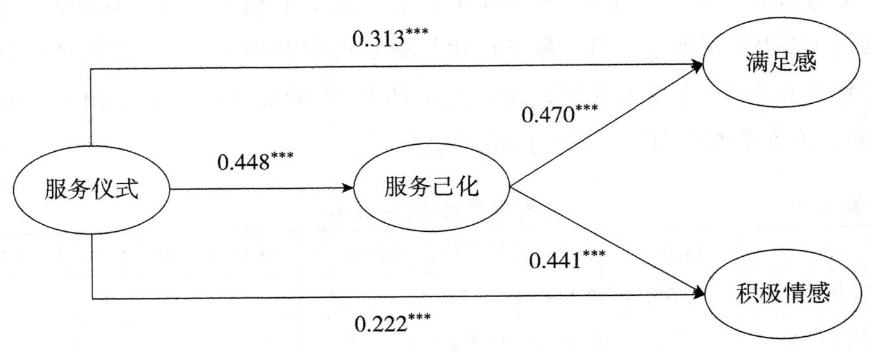

图 3-2　路径分析结果

注：*** $P<0.001$。

表 3-9 所示。本研究根据置信区间的上下限值对总效应是否显著进行判别：如果置信区间不包含 0，则效应值显著；如果置信区间包含 0，则效应值不显著。由表 3-9 可知，服务仪式对满足感有显著的正向影响，总效应值为 0.524，置信区间为［0.412，0.631］，不包含 0，假设 H1a 得到支持。服务仪式对积极情感有显著的正向影响，总效应值为 0.420，置信区间为［0.294，0.538］，不包含 0，假设 H1b 得到支持。

表 3-9　　总效应关系检验结果

路径关系	总效应值	标准误差	LLCI	ULCI
服务仪式→满足感	0.524	0.055	0.412	0.631
服务仪式→积极情感	0.420	0.062	0.294	0.538

3.3.4.2　服务仪式、服务已化、消费者幸福感直接效应关系检验

服务仪式、服务已化、满足感、积极情感间关系的直接效应分析结果如表 3-10 所示。由表 3-10 可知，服务仪式对服务已化有显著的正向影响（$\beta=0.448$，$P<0.001$），本章假设 H2 得到支持。服务已化对满足感有显著的正向影响（$\beta=0.470$，$P<0.001$），本章假设 H3a 得到支持。服务已化对积极情感有显著的正向影响（$\beta=0.441$，$P<0.001$），本章假设 H3b 得到支持。

表 3-10 直接效应分析结果

路径关系	路径系数	标准误差	T 值	P 值
服务仪式→服务已化	0.448	0.063	7.123	***
服务已化→满足感	0.470	0.082	8.026	***
服务已化→积极情感	0.441	0.078	6.725	***
服务仪式→满足感	0.313	0.078	5.644	***
服务仪式→积极情感	0.222	0.076	3.502	***

注：*** $P<0.001$。

3.3.4.3 服务已化的中介效应检验

服务已化在服务仪式与满足感、服务仪式与积极情感间的中介效应检验结果如表 3-11 所示。本研究根据置信区间的上下限值对中介效应是否显著进行判别；如果置信区间不包含 0，则效应值显著；如果置信区间包含 0，则效应值不显著。由表 3-11 可知，服务已化在服务仪式对满足感影响的中介效应值为 0.211，置信区间［0.146，0.296］，不包含 0，即服务已化在服务仪式对满足感的影响中起中介作用，本章假设 H4a 得到支持。服务已化在服务仪式对积极情感影响的间接效应值为 0.198，置信区间［0.128，0.285］，不包含 0，即服务已化在服务仪式对积极情感的影响中起中介作用，本章假设 H4b 得到支持。

表 3-11 服务已化的中介效应检验结果

路径关系	参数估计	标准误	LLCI	ULCI
服务仪式→服务已化→满足感	0.211	0.038	0.146	0.296
服务仪式→服务已化→积极情感	0.198	0.040	0.128	0.285

3.3.4.4 关系需要的调节效应检验

在对调节效应进行分析的过程中，根据自变量和调节变量的测量级别选择分析方法。变量可分为类别变量（定类和定序变量）和连续变量（定距和定比变量）两类。若自变量和调节变量均为类别变量，调节效应的检验应进行方差分析；若调节变量是类别变量、自变量是连续变量，调节效应的检验应进行分组回归分析；若自变量是类别变量、调节变量是连续变量，应将自变量重新编码成为伪变量，用带有乘积项的回归模型做层次回归分析检验调节效应；若自变量和调节变量均为连续变量，应用带有乘积项的回归模型做层次回归分析检验调节效应。

本研究中自变量和调节变量都是连续变量，因此采用 SPSS22.0 数据分析软件进行层次回归，对关系需要的调节效应进行检验。在进行层次回归之前，先对各变量进行中心化处理，再并计算交互项。依据调节效应检验程序，通过强迫进入法，在回归模型中依次将性别、年龄、教育背景、职业、月可支配收入等人口统计学特征变量和服务消费特征变量等控制变量，服务己化和关系需要，服务己化和关系需要的交互项带入层次回归模型中，调节效应检验结果如表 3-12 所示。

表 3-12　　调节效应检验结果

变量	满足感			积极情感		
	M1	M2	M3	M4	M5	M6
控制变量						
性别	0.034	-0.010	0.006	-0.051	-0.081	-0.070
年龄	-0.004	0.040	0.046	-0.094	-0.057	-0.052
教育背景	0.008	-0.009	-0.020	0.036	0.021	0.014
职业	0.105	0.129**	0.123**	0.115*	0.128*	0.124*
月可支配收入	-0.037	-0.056	-0.060	-0.105	-0.117	-0.120
服务消费类型	0.000	0.015	0.000	-0.052	-0.038	-0.050
服务消费次数	-0.110*	-0.110*	-0.137**	-0.084	-0.086	-0.106*
互动角色	-0.213***	-0.026	-0.012	-0.106	0.040	0.051
自变量						
服务己化		0.511***	0.527***		0.439***	0.451***
调节变量						

续 表

变量	满足感			积极情感		
	M1	M2	M3	M4	M5	M6
关系需要		0.201***	0.243***		0.084	0.114*
自变量与调节变量交互项						
服务己化×关系需要			0.147**			0.108*
F	2.919**	24.367***	23.746***	2.196*	11.976***	11.414***
R^2	0.061	0.404	0.422	0.046	0.250	0.260
调整 R^2	0.040	0.388	0.404	0.025	0.229	0.237

注：* $P<0.05$，** $P<0.01$，*** $P<0.001$。

由表3-12可知，模型3的调整 R^2 值为0.404，大于模型2的调整 R^2 值0.388，说明当引入服务己化与关系需要的交互项后，服务己化对满足感的变异解释量增加了1.6%，且在 $P<0.001$ 的水平上显著，同时，模型3中服务己化和关系需要的交互项对满足感的正向影响显著（$\beta=0.147$，$P<0.01$），表明关系需要显著地正向调节了服务己化和满足感间的关系，本章假设H5a得到支持。模型6的调整 R^2 值为0.237，大于模型5的调整 R^2 值0.229，说明当引入服务己化与关系需要的交互项后，服务己化对积极情感的变异解释量增加了0.8%，且在 $P<0.001$ 的水平上显著，同时，模型6中服务己化和关系需要的交互项对积极情感的正向影响显著（$\beta=0.108$，$P<0.05$），表明关系需要显著地正向调节了服务己化和积极情感间的关系，本章假设H5b得到支持。

为更直观地展现关系需要的调节效应，本研究分别绘制了以“高”（均值加一个标准差，M+1SD）和“低”（均值减一个标准差，M-1SD）不同程度的关系需要与服务己化对满足感和积极情感的交互效应图，如图3-3、图3-4所示。相对于关系需要程度较低的消费者，关系需要程度较高的消费者服务己化引起满足感的变化更大；相对于关系需要程度较低的消费者，关系需要程度较高的消费者服务己化引起积极情感的变化更大。

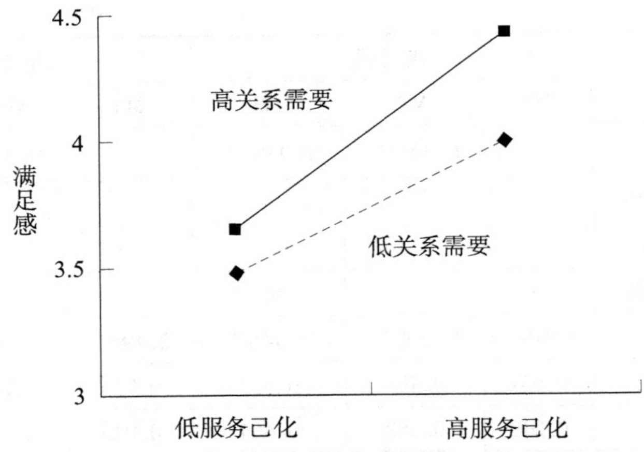

图 3-3 关系需要对服务己化与满足感关系的调节作用

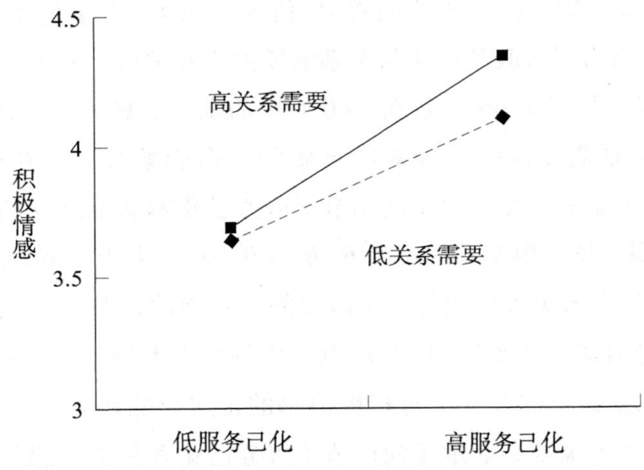

图 3-4 关系需要对服务己化与积极情感关系的调节作用

3.3.4.5 有调节的中介效应检验

本研究借鉴 Preacher 等学者提出的有条件的中介效应的检验方法。参考温忠麟提出的调节变量是潜变量的分类方法，将关系需要各测量题项的分值加总后求均值，以均值为界限将关系需要分成两个组别：高关系需要组和低关系需要组，采用 SPSS22.0 数据分析软件中的 Process 程序，结合 Bootstrap 方法进行检验，检验关系需要对服务己化在服务仪式与消费者幸福感关系间中介作用的调节效应。置信区间的置信度设置为95%，进行5000次重复随机抽样，抽样方法选择偏差校正的非参数百分位法。被调节的中介效应判定标准：置信区间不包括0，表明相应的效应显著。有调节的服务己化中介效应检验结果如表3-13所示。

表3-13 有调节的服务己化中介效应检验结果

结果变量	调节变量	间接效应	标准误差	LLCI	ULCI
满足感	低关系需要	0.172	0.038	0.102	0.250
	高关系需要	0.255	0.056	0.149	0.367
	高、低关系需要差异	0.083	0.039	0.004	0.157
积极情感	低关系需要	0.162	0.038	0.092	0.241
	高关系需要	0.224	0.048	0.135	0.323
	高、低关系需要差异	0.063	0.034	-0.009	0.128

注：均为双尾检验，低、高关系需要为均值±1标准差。

由表3-13可知，无论在高关系需要还是在低关系需要时，服务己化在服务仪式与满足感之间的间接效应置信区间为[0.004，0.157]，不包含0，均达到显著性水平且两者间差异显著，即关系需要调节服务己化在服务仪式与满足感关系间的中介作用，本章假设H6a得到支持；然而，无论在高关系需要还是在低关系需要时，服务己化在服务仪式与积极情感之间的间接效应置信区间为[-0.009，0.128]，包含0，虽然也均达到显著性水平，但两者间差异不显著，即关系需要调节服务己化在服务仪式与积极情感关系间的中介作用不显著，本章假设H6b未得到支持。

3.4 结果讨论

本研究基于符号互动理论、自我决定理论、占有心理学理论和意义流动模型，并结合现有研究成果，从服务己化视角构建了一个以服务仪式为自变量、服务己化为中介变量、消费者幸福感（满足感和积极情感）为因变量的有调节的中介效应模型，通过实证检验探讨了服务仪式对消费者幸福感的作用机制，以及关系需要在其间的调节效应。通过专业问卷调查平台收集数据，对370份有效样本进行同源方差检验、信度效度检验、相关分析，并对假设进行逐一检验，检验结果如表3-14所示。研究结果表明以下几点。

第一，服务仪式正向影响消费者幸福感的满足感和积极情感两个维度。服务仪式向消费者传递服务企业象征价值和意义，促进消费者印象管理或自我呈现，并对行为活动的意义做出反应，促使消费者产生满足感和积极情感等反应。

第二，服务仪式正向影响服务已化。在仪式互动中，消费者通过意义的汲取与注入，使服务成为其个人意义的载体，构建和反映消费者自我。在这一过程中，消费者与服务建立起了紧密联系，成为服务的拥有者，满足其构建和表达自我的需要。

第三，服务已化正向影响消费者幸福感的满足感和积极情感两个维度，并在服务仪式与满足感、服务仪式与积极情感的关系间起中介作用。消费者将服务“化为已有”会使其对拥有对象产生更为积极的评价，对满足感和积极情感具有积极影响。服务仪式通过促进消费者与服务间建立拥有性关系，进而引发满足感和积极情感。因此，在通过服务仪式提升消费者幸福感的过程中，服务企业应特别注意构建消费者与服务间的拥有性关系。

第四，个体的关系需要水平强化了服务已化对消费者幸福感两个维度（满足感、积极情感）的影响，即相对于关系需要程度较低的消费者，关系需要程度较高的消费者与服务建立起已化关系，能为其带来更高水平的满足感和积极情感。同时，关系需要调节了服务已化在服务仪式与满足感关系间的中介作用，但关系需要对服务已化在服务仪式与积极情感关系间中介作用的调节效应未获支持。原因可能在于，通过与仪式化服务建立已化关系，带来的关系需要的满足使消费者感受到更多的满足感，对于不同关系需要水平的消费者，在服务仪式通过作用于其与服务间的已化关系进而引发的积极情感，在程度上不存在显著差异。因此，服务企业应注重结合消费者个体特征或需要进行服务提供物和服务仪式的设计。更为亲切、承载更多认同感和归属感的服务仪式能更好地满足消费者关系需要，使其形成更高水平的幸福感。

表 3-14 假设检验结果

假设	假设内容	检验结果
H1a	服务仪式对满足感有正向影响	支持
H1b	服务仪式对积极情感有正向影响	支持
H2	服务仪式对服务己化有正向影响	支持
H3a	服务己化对满足感有正向影响	支持
H3b	服务己化对积极情感有正向影响	支持
H4a	服务己化在服务仪式对满足感的影响中起中介作用	支持
H4b	服务己化在服务仪式对积极情感的影响中起中介作用	支持
H5a	关系需要对服务己化与满足感的关系具有调节作用	支持
H5b	关系需要对服务己化与积极情感的关系具有调节作用	支持
H6a	关系需要调节服务己化在服务仪式与满足感关系间的中介作用	支持
H6b	关系需要调节服务己化在服务仪式与积极情感关系间的中介作用	未支持

4　消费者组织社会化对消费者幸福感的影响

本章从消费者实体中的消费者个体视角出发，以自我决定理论和独特性理论为基础，细致探讨消费者组织社会化对消费者幸福感的影响，分析合作生产在消费者组织社会化对消费者幸福感影响的中介作用以及独特性需求在消费者组织社会化对消费者幸福感影响中的调节作用。

4.1　研究假设

自我决定理论指出，个体的基本心理需要得到满足，会提升其幸福感水平。消费者组织社会化是服务经济时代反映企业对消费者有效管理的一个重要且普遍特征，是消费者在消费体验过程中获得的、实现其在组织中预期角色的必要行为、技能和价值观。消费者组织社会化使消费者成为企业的“兼职员工”，使其掌握并运用服务相关知识和技能为企业服务绩效做出贡献，并在服务交互中获得愉快、满意等积极情感。根据自我决定理论，当消费者被恰当地社会化，成为有效的企业合作者，更积极地参与服务生产、交付和服务开发活动时，这种合作生产行为表现会增进其基本心理需要的满足，进而提升其对服务的满足感和积极情感，即提升消费者幸福感。

消费者个体特征对通过参与服务生产活动获取的内在感受存在影响。独特性需求是反映个体通过有意识地获取和拥有产品或服务，寻求与他人不同的重要个人特征。根据独特性理论，在消费者合作生产过程中，独特性需求程度不同的消费者体会和享受到因合作生产带来的不同水平的满足感等积极情感，从而获得不同水平的幸福感。已有研究表明，独特性需求在消费者参与程度对感知乐趣的影响中起到正向调节作用。

基于上述分析，提出如图4-1所示的概念模型。基于已有研究，消费者组织社会化包括角色清晰、工作掌握、目标一致三个维度；消费者合作生产包括服从、个人主动性、公民美德三个维度。本研究认为，消费者组织社会化中的角色清晰、工作掌握、目标一致对满足感和积极情感有直接影响。同时，通过消费者合作生产中的服从、个人主动性和公民美德对满足感和积极情感产生间接影响，独特性需求调节消费者合作生产中的服从、个人主动性和公民美德对消费者满足感和积极情感的影响。

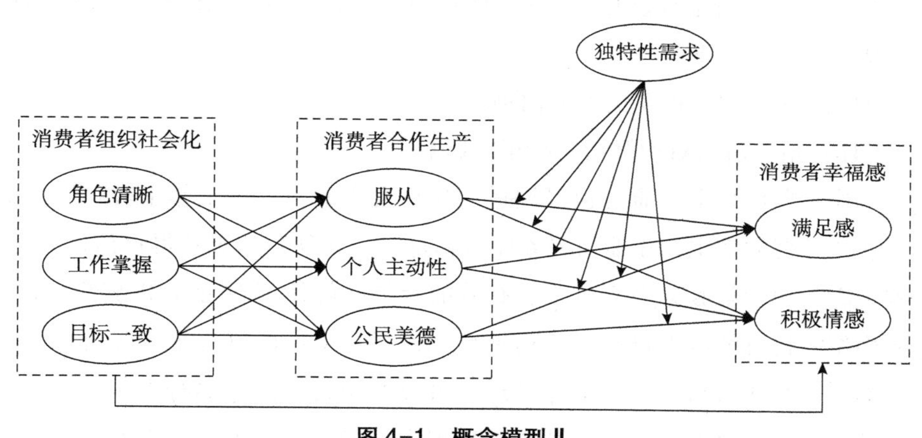

图4-1 概念模型Ⅱ

4.1.1 消费者组织社会化与消费者幸福感

消费者组织社会化是消费者在消费体验过程中获得的、实现其在组织中预期角色的必要行为、技能和价值观。角色清晰是指理解被执行的任务，清楚企业对其完成产品生产的行为需求并具备完成适当行为的知识。工作掌握是指了解任务并具备完成任务所需的技能，并在新角色里获得自信。目标一致是指员工感知自身的目标和价值观与企业的目标和价值观相契合。

服务消费情境下，消费者幸福感是在服务消费过程中，消费者通过对产品或服务的消费感到满足时形成的一种积极情感。根据自我决定理论，当个体的基本心理需要（自主需要、胜任需要和归属需要）得到满足时，幸福感水平会随之提升。角色清晰的消费者能够准确地理解企业完成产品生产所需的条件，清晰地理解企业要求，拥有完成既定任务所需的知识，按服务要求和自身的既定目标完成服务产品的生产和消费，感知到自己在服务交互中是有用的和有能力的，从而满足其胜任需要。基于自我决定理论，个体心理需要的满足会产生多重积极结果，其中包括幸福感的提升。消费者参与服务过程中的角色取决于消费者组织社会化的程度。角色清晰程度高的消费者能够更有效地发挥自身在服务过程中的角色作用，在实现企业服务绩效的同时，对其胜任需要的满足程度更高，从而使自身获得更多的满足感等积极情感。综上所述，提出如下假设：

H1a：角色清晰对满足感有正向影响。

H1b：角色清晰对积极情感有正向影响。

工作掌握反映个体能否很好地适应角色要求的行为。工作掌握程度高的消费者所掌握的知识和技能与服务要求相符，并在新角色里获得自信，因此，能够更有效地参与服务交互过程。有效的参与能够使消费者在服务产品生产过程中按照自身的需求对产品进行把控和改进，生产出符合企业和自身需求的产品。当个体参与一个活动并发现他可以按照自己的意愿行事时，自主权感受就会产生。在消费者组织社会化过程中，工作掌握程度较高的消费者在服务交互中能更了解和适应角色要求，对服务产品的生产更有掌控感和参与感，从而产生更高水平的自主权，满足其自主性需要。根据自我决定理论，对自主性需要满足程度高的消费者可以获得更高水平的幸福感。综上所述，提出如下假设：

H2a：工作掌握对满足感有正向影响。

H2b：工作掌握对积极情感有正向影响。

在组织行为学中，目标一致反映员工感知自身的目标和价值观与组织的目标和价值观的一致性。消费者作为企业的“兼职员工”，在消费者组织社会化过程中，目标一致可解释为消费者感知其个人目标与企业目标的契合。感知其个人目标与企业服务目标一致程度较高的消费者，能在服务消费过程中与服务企业产生共鸣和归属感，从而满足其归属需要。根据自我决定理论，个体心理需要的满足会提升其内部动机，从而为幸福感提升奠定基础。同时，目标一致程度高的消费者由于与服务企业有更契合的价值观和目标，对服务企业的认可程度更高，在消费过程中会对服务产生较强的认同感，更容易对企业提供的服务感到满意，并在服务体验中获得愉快、享受等积极情感。综上所述，提出如下假设：

H3a：目标一致对满足感有正向影响。

H3b：目标一致对积极情感有正向影响。

4.1.2 消费者组织社会化与消费者合作生产

消费者合作生产指消费者参与服务生产、交付和服务开发。在服务接触中，消费者的积极参与是服务成功的必要条件，在拓展和复杂的服务交互中，消费者需要适当“社会化”以满足他们的角色定位并成为有效的合作伙伴参与合作生产，并且这种社会化会提高消费者在服务交互过程中的参与效率、参与动机、参与水平和参与效果。

借鉴以组织公民行为和价值共创探讨合作生产的研究成果，本研究将消费者合作生产行为划分为服从、个人主动性和公民美德。其中，服从指消费者遵守服务提供者的要求、策略或过程，是消费者从自身的直接利益出发，参与价值创造。在服务消费情境下，服从包括消费者听从服务提供者的服务介绍、消费指导等。个人主动性指超出服务提供者对消费者角色的基本要求和普遍预期水平的服务相关行为，是消费者从自身直接利益出发参与价值创造。个人主动性包括对服务进行反馈，并不断地寻求改善服务效果的技能等。在服务营销领域，公民美德指消费者为服务企业管理和企业发展所进行的积极参与，是消费者从服务提供者的直接利益和间接利益出发参与价值创造。在服务消费情境下，公民美德包括积极主动与企业沟通服务相关问题或向服务企业提出提升服务的建议。公民美德与个人主动性的本质区别是行为的出发点不同，前者是从企业利益出发，强调为企业提供帮助，后者则是从自身利益出发参与服务生产。

现有研究表明，角色清晰对顾客参与具有正向影响。个体在不同社会情境下所处的角色不同。在服务消费过程中，消费者扮演服务产品的合作生产者，角色清晰程度高的消费者相比角色清晰程度低的消费者对服务的进展更了解，更准确地理解其在企业中的责任，更清楚地知道在何时以何种方式参与服务，拥有更多的为达到期望目标而储备的知识。例如，消费者在健身等服务产品消费过程中会通过与企业的互动获得指导。为能获得更好的效果，消费者不仅与专业服务人员共同制订适合自己的方案，还要在服务人员的指导下遵守方案，养成健康的行为习惯。由于消费者更清楚自己要做什么、怎么做，因此，消费者会对自己的角色感到更自在，更愿意遵守服务提供者的指导并执行规定的行为。角色清晰程度高的消费者对服务的进展情况更了解，会适时寻求超出服务提供者对其基本要求和预期的服务反馈，以达到自身预期的消费效果。此外，角色清晰程度高的消费者能更准确地理解其在企业中的责任，为了获取长期的优质服务，消费者会对企业在服务生产过程中存在的问题进行反馈和建议，帮助企业提升服务质量。综上所述，提出假设：

H4a：角色清晰对服从有正向影响。

H4b：角色清晰对个人主动性有正向影响。

H4c：角色清晰对公民美德有正向影响。

工作掌握反映消费者对完成任务所需技能的掌握和对完成任务的信心。具有较高工作掌握能力的消费者往往对其在服务中的有效执行能力有更积极的自我评价，并对成功完成计划更有信心。在组织行为学研究中，学者发现那些掌握完成任务所需技能的人更有可能为完成任务而努力，配合服务提供者的正确指引。当完成服务生产所需技能与消费者的能力相匹配时，消费者会积极主动地参与服务交互，成为一个积极的参与者。此时，消费者更愿意服从企业的安排，配合企业完成任务。同时，消费者会根据自身对任务的预期，积极主动地改进行为，以达到预期目标。此外，了解服务任务并具备完成任务所需技能的消费者更有能力参与企业发展，更清楚服务过程中存在的不足，并且这种对工作任务的胜任感和自主性会使他们更有自信地向服务企业提出服务存在的相关问题和积极的改进建议，为企业服务绩效做出贡献。综上所述，提出假设：

H5a：工作掌握对服从有正向影响。

H5b：工作掌握对个人主动性有正向影响。

H5c：工作掌握对公民美德有正向影响。

目标一致反映消费者对其个人目标和价值观与企业目标和价值观的契合程度。Chao 等研究指出，对组织目标和价值观更加理解和欣赏的人，更有可能参与并投入组织的工作中，且更容易适应工作的变化。同样，消费者的目标一致也可以增强其遵从性和积极行为。目标一致程度较高的消费者更容易建立对企业的认同感，从而激励其参与超越自身利益并直接使企业受益的合作生产中。现有研究表明，消费者对服务企业的目标和价值观越认同，就越会将企业期望或指定的态度和行为内化，服从和个人主动性行为更显著。即目标一致程度越高，消费者按照企业要求完成任务的内在动力越强，越能服从企业需要，并付出额外的努力完成目标。因此，目标一致程度越高，消费者服从和主动性越强。目标一致程度较高的消费者拥有强烈的企业认同感，为了使其行为方式与企业价值观保持一致，消费者会参与超出其自身利益和企业直接利益的服务交互，主动与服务企业沟通潜在的服务相关问题或向服务企业提出改进服务的建议，为企业提升服务质量做出贡献，使企业受益。也就是说，目标一致程度较高的消费者可能更愿意针对服务相关问题与企业进行沟通，并向企业提出如何改善服务的建议，公民美德行为更显著。综上所述，提出假设：

H6a：目标一致对服从有正向影响。

H6b：目标一致对个人主动性有正向影响。

H6c：目标一致对公民美德有正向影响。

4.1.3 消费者合作生产与消费者幸福感

服务主导逻辑认为，价值网络中所有成员的服务行为都是为了集体幸福和个体幸福的提升。高水平的价值创造需要消费者投入更多的资源（如时间、精力、信息等），使最终的服务结果更符合消费者的需求。在服务生产和传递过程中，消费者合作生产会给其带来社交利益和精神利益。消费者合作生产包括服从、个人主动性和公民美德三个方面。其中，服从包括消费者听从服务提供者的服务介绍、消费指导等；个人主动性包括对服务进行反馈，并不断地寻求改善服务效果的技能。这有助于消费者更好地与服务人员互动和交流，让服务人员更好地了解消费者的特殊需求、偏好等，进而产生更有针对性、令人满意的服务方案。而满意的服务结果是消费者幸福感的重要驱动因素。此外，服从和个人主动性可以帮助消费者更了解服务要求和服务流程等，降低消极结果的出现，即减弱服务中的感知风险，避免因不理想、不满意的服务结果诱发的负面情绪。而更少的负面情绪体验是判断个体幸福感知程度的重要依据。

消费者合作生产中的公民美德是消费者为服务企业管理和企业发展所进行的积极参与，包括积极主动与组织沟通服务相关问题或向服务组织提出提升服务的建议。这有助于提升消费者在服务交互中的控制感。个体幸福感的产生与自主性需要、胜任需要和归属需要密切相关。其中，胜任感是一种人们力图去控制事情结果并体验掌控的感觉。由此可见，合作生产中消费者的公民美德既能帮助消费者提升服务评价，又能通过个体胜任需求的满足增强消费者的幸福感知。综上所述，提出假设：

H7a：服从对满足感有正向影响。

H7b：服从对积极情感有正向影响。

H8a：个人主动性对满足感有正向影响。

H8b：个人主动性对积极情感有正向影响。

H9a：公民美德对满足感有正向影响。

H9b：公民美德对积极情感有正向影响。

4.1.4 消费者合作生产的中介作用

行为是在人们心理需要得到满足的基础上形成的，心理需要包括自主需要、胜任需要和归属需要，这三种基本心理需要与个体主观幸福感密切相关。组织社会化程度高的消费者更加理解自身在服务中的角色，对完成服务所需的知识和技能掌握更全面，个人目标与企业服务目标更契合。这些会激发消费者的自主需要、胜任需要和归属需要，使消费者感知有更多的选择机会和自主权，且更加自信、更有效能感，甚至觉得自己是企业中的一员，更积极地表现出遵守服务规范、主动参与服务价值创造、为企业谏言献策等合作生产行为。这种合作生产行为带来的自主性、胜任感以及归属感是人类完善的幸福生活的一个重要领域，使消费者组织社会化在服务消费过程中获得更多幸福感。因此，消费者组织社会化通过合作生产行为影响消费者幸福感。

角色清晰是理解角色所需要完成的任务。只有明晰所要求的行为规范，才能对行为进行有利的指导。角色清晰反映了个人在社会化过程中如何调整自身以适应企业内的职能。由于服务产品具有生产和消费的同时性特点，消费者必然要参与服务的生产，成为合作生产者。角色清晰程度高的消费者能更好地理解服务企业提出的要求和规范，并按照要求去完成服务生产和消费过程，更好地服从服务企业的要求，从而生产出更加符合自身需求的产品，提升满足感和积极情感。也就是说，角色清晰的消费者能够更好地服从企业需求，完成服务产品的生产，获得更为满意的产品，得到更轻松愉悦的服务消费过程。

角色清晰促使消费者积极主动地参与服务过程，提升消费者的积极情感。同时，消费者清楚自己该做什么，才能主动配合企业完成服务产品生产和消费，从而得到满足需求的服务，为消费者带来满足感。角色清晰程度越高的消费者，对其执行任务的清晰度越高，他们能更明确地知道什么样的服务能满足其需求，因此，消费者会积极主动地寻求提升服务的方法或向服务企业进行服务反馈，这种行为会在一定程度上帮助企业提升服务质量。现有研究表明服务质量对消费者幸福感具有显著的促进作用。同时，企业改进的服务更能满足消费者自身需求，提升满足感和积极情感。也就是说，角色清晰程度较高的消费者在对服务进行反馈方面有更强的主动性，通过服务反馈促进企业生产出符合自己需求的产品和服务，从而提升满足感，并因主动参与而产生积极情感。

角色清晰程度越高的消费者，越知道该如何完成任务，对服务产品的生产流程和环节掌握更清晰。为了获得可持续的优质服务，消费者会从企业视角为企业提出意见和建议来帮助企业改进服务流程。尽管消费者的意见和建议不一定会得到即时反馈，但消费者进行的知识分享会满足其自主性和胜任

感，让其感受到满足和愉悦。综上所述，提出假设：

H10a：服从在角色清晰对满足感的影响中起中介作用。

H10b：服从在角色清晰对积极情感的影响中起中介作用。

H10c：个人主动性在角色清晰对满足感的影响中起中介作用。

H10d：个人主动性在角色清晰对积极情感的影响中起中介作用。

H10e：公民美德在角色清晰对满足感的影响中起中介作用。

H10f：公民美德在角色清晰对积极情感的影响中起中介作用。

工作掌握是掌握角色要求所需的技能并获得对角色的信心。角色清晰反映的是消费者对服务过程中要完成的任务和自身责任的理解程度，而工作掌握所反映的是消费者与角色所需相关技能要求的匹配程度。工作掌握程度越高的消费者，拥有的知识、技能与完成任务需要的知识、技能越匹配，越能按照服务企业要求完成服务产品的生产和消费，得到符合预期的服务产品，提升对服务的满足感。工作掌握程度越高的消费者对完成服务产品所要求的任务越有信心，消费者在服务消费中获得的积极情感越多。

工作掌握程度越高的消费者，越有能力且越主动配合服务企业完成服务产品的生产和消费，从而得到符合需求的产品，提升消费者的满足感和积极情感。工作掌握程度高的消费者不仅服从并主动参与服务产品的生产和消费，还因为其掌握完成任务的技能而自信地向服务企业提出服务存在的问题并提供建议。改进后的服务可以更好地满足消费者需求，从而提升消费者的满足感和积极情感。

工作掌握程度高的消费者，拥有更多的完成任务所需的技能和信心，因此，在服务消费过程中更容易发现企业服务流程中存在的缺陷和不足，即使存在的缺陷和不足没有出现在此次服务消费中，但当消费者发现这些问题时，出于企业可持续发展为其提供持续的服务角度考虑，消费者也会对企业进行善意的建议，帮助企业改进服务。这个过程会使消费者因自己对企业进行了帮助而感到满足和愉悦。综上所述，提出假设：

H11a：服从在工作掌握对满足感的影响中起中介作用。

H11b：服从在工作掌握对积极情感的影响中起中介作用。

H11c：个人主动性在工作掌握对满足感的影响中起中介作用。

H11d：个人主动性在工作掌握对积极情感的影响中起中介作用。

H11e：公民美德在工作掌握对满足感的影响中起中介作用。

H11f：公民美德在工作掌握对积极情感的影响中起中介作用。

目标一致程度高的消费者与企业的服务目标更契合，更加认同并愿意按照服务企业的需求完成服务目标，因为这也是完成其自身的目标。现有研究表明，消费者对服务企业的目标和价值观越认同，就越会将企业期望或指定的态度和行为内化，服从和个人主动性行为更显著。因此，目标一致程度高的消费者更容易服从服务企业的要求，更好地完成服务产品的生产和消费，从服务消费中获得更多的满足感。目标一致程度越高的消费者，越能意识到这是在为自己服务，在完成服务企业需求时更容易产生愉快、满足、享受等积极情感。

目标一致程度越高的消费者，其目标与企业的服务目标越一致，因此，能更好地理解企业对完成任务所需环节的安排，主动配合服务企业完成产品的生产和消费。在参与过程中积极性更强，甚至为了更好地完成任务而提出建设性的意见和建议，最终与企业服务人员配合，从而合作生产出更符合消费者的产品，使消费者获得更多的满足感。消费者在服务过程中进行了积极参与，感受到自己的价值和掌控感，且满足了自主性需要，由此获得愉悦等积极情感。

目标一致程度越高的消费者，越容易参与超出其自身利益和企业直接利益的服务交互，主动与服务企业沟通潜在的服务相关问题或向服务企业提出服务改进建议。因为只有服务企业改进其服务才能够更好地满足消费者需求。因此，目标一致程度高的消费者，愿意执行其在服务企业的公民行为，使企业受益，同时，在服务生产和消费中得到自己更满意的服务产品，从而提升满足感。消费者通过自身提出的建议和意见使服务企业改进服务后获得更符合心意的服务产品，服务质量的提升包含了消费者的贡献，这会增加消费者对服务企业的认同感，在服务消费中形成轻松、愉快等积极情感。综上所述，提出假设：

H12a：服从在目标一致对满足感的影响中起中介作用。

H12b：服从在目标一致对积极情感的影响中起中介作用。

H12c：个人主动性在目标一致对满足感的影响中起中介作用。

H12d：个人主动性在目标一致对积极情感的影响中起中介作用。

H12e：公民美德在目标一致对满足感的影响中起中介作用。

H12f：公民美德在目标一致对积极情感的影响中起中介作用。

4.1.5 独特性需求的调节作用

尽管人们需要遵守社会规范，赢得他人的认同和赞赏，但每个人都或多或少地想要与他人有差别，感知到自己的独特可以积极强化个人认同，避免个体产生自己“普通”的消极感知。这种独特性动机刺激人们去拥抱新事物，颠覆传统，追求不寻常的物品。人们购买和拥有独特的产品或服务是自身独特性的一种体现。独特性需求指消费者为发展和提升自我形象与社会形象，通过购买、使用以及处置产品和服务的方式来追求与众不同，借此显示或强化个性特征和社会身份。独特性需求是个体的一种稳定心理特质，是与他人相区别、反从众的行为倾向。个体可以通过展示其拥有物、人际间互动风格或自身在某一领域拥有的知识专长等途径表达自我与他人相区别的独特性。独特性需求程度高的消费者更加偏好稀缺的、定制化的和非流行的产品或服务。

根据独特性理论，独特性需求程度高的消费者因更注重寻求与他人的差别，具有更强烈的反从众行为倾向，对与他人差异性的关注程度更高，对与他人相似的感知更为敏感。在合作生产过程中，相较于独特性需求程度低的消费者，独特性需求程度高的消费者会对与他人相似的活动行为更加敏感，产生的内在反应也更强烈。企业的服务流程和服务指导具有一定的既定性和程序化。在服务过程中，对于独特性需求程度高的消费者，服从企业服务流程和服务提供者的服务指导会更为强烈地产生与他人相似的感知，因此，会使其产生不愉快感受，甚至降低其自尊。这种感知反应会削弱合作生产对满足感和积极情感的影响。因此，独特性需求程度高的消费者在服从过程中，因其对与他人相似性具有更高的敏感程度而产生更多的负面情绪，服从对满足感和积极情感效应受到较大抑制，两者间关系较弱；独特性需求程度低的消费者因其对与他人相似性的敏感程度较低而产生较少的负面情绪，服从对满足感和积极情感的效应受到较小的抑制，两者间关系较强。综上所述，提出假设：

H13a：独特性需求对服从与满足感的关系具有调节作用。独特性需求程度越高，服从与满足感的关系越弱。

H13b：独特性需求对服从与积极情感的关系具有调节作用。独特性需求程度越高，服从与积极情感的关系越弱。

独特性需求程度不同的消费者通过购买、使用以及处置产品和服务等方式来寻求与他人差别的倾向不同。在服务过程中，消费者通过创造性的活动赋予服务更多的个人特征，使服务对个人意义更为凸显，也帮助个体与他人相区别，形成差异。独特性需求程度不同的消费者对创造性活动反应的敏感程度不同。相对于独特性需求程度低的消费者，独特性需求程度高的消费者对发挥个人主动性进行创造性活动的反应更敏感，更为强烈地产生与他人相区别的感知。创造性活动带来的体验会促进消费者产生积极的情感反应。因此，在发挥个人主动性的合作生产过程中，独特性需求程度高的消费者个人主动性对满足感和积极情感的效应得到增强，两者间关系较强；独特性需求程度低的消费者因其对发挥个人主动性开展创造性活动的反应敏感程度较低，其对与他人的差异性的感知较弱，产生的积极情感反应也较弱，个人主动性对满足感和积极情感的影响较小。综上所述，提出假设：

H14a：独特性需求对个人主动性与满足感的关系具有调节作用。独特性需求程度越高，个人主动性对满足感的影响作用越强。

H14b：独特性需求对个人主动性与积极情感的关系具有调节作用。独特性需求程度越高，个人主动性对积极情感的影响作用越强。

公民美德指消费者为服务企业管理和企业发展所进行的积极参与，包括积极主动与企业沟通服务相关问题或向服务企业提出提升服务的建议，在合作生产中展现其个人意义和社会形象。个体能够通过人际间互动风格或在某一领域拥有的知识专长来表达自身与他人相区别的独特性。相较于独特性需求程度低的消费者，独特性需求程度高的消费者通过人际间互动或运用所拥有的知识专长来表达自我的倾向更强烈，对于个人意义和社会形象的凸显更为敏感。在参与合作生产的过程中，消费者积极主动与企业沟通服务相关问题或提出服务改善建议等公民美德行为表现会使其个人意义和社会形象得到凸显，并产生积极情感。因此，相对于独特性需求程度较低的消费者，独特性需求程度较高的消费者在发挥公民美德从事合作生产的过程中，因对人际间互动或运用所拥有的知识专长来表达自我的倾向更强烈，会使其感受到的个人意义和社会形象更敏感，产生更为强烈的内在反应。这种反应会强化公民美德对满足感和积极情感的影响。综上所述，提出假设：

H15a：独特性需求对公民美德与满足感的关系具有调节作用。独特性需求程度越高，公民美德对满足感的影响作用越强。

H15b：独特性需求对公民美德与积极情感的关系具有调节作用。独特性需求程度越高，公民美德对积极情感的影响作用越强。

4.2 研究设计

4.2.1 变量测量

本章研究涉及的变量包括消费者组织社会化、消费者合作生产、消费者幸福感和独特性需求 4 个变量，以及人口统计学特征和服务消费特征变量等控制变量。除类别变量（人口统计学特征变量和服务消费特征变量）以外，其余变量均采用李克特 5 级量表，从“1”到“5”表示从“非常不同意”到“非常同意”。

为确保量表的内容效度，在初始量表选取上，选用国内外相关研究中比较成熟的量表对模型中的变量进行测量。为避免语义差异对调研问卷质量的影响，本研究遵循 Brislin 推荐的翻译-回译程序，其流程为：先将英文量表翻译成中文，再将翻译成中文的量表回译成英文。首先，在测量前，由英语专业研究生和企业管理专业博士对选取的国外成熟量表进行两轮的中英文互译，并根据本研究基于服务行业的背景进行了适当调整。然后，邀请 2 名管理学院副教授和 2 名企业管理专业博士对原始英文量表、中文译文量表、回译英文量表进行审读和修订，调整量表题项中容易产生歧义、语义表达不清晰、翻译生硬的题项。对于中文量表，本研究邀请2名管理学院副教授对量表题项进行审定，初步形成本研究的调研问卷。最后，选取50个样本对问卷进行预测试，根据测试结果再次调整部分语义不清晰的题项，并在企业管理专业教授的审定之下形成正式的调研问卷。

调研问卷结构包括标题、调研说明、问卷填写背景引导语、测量题项和结束语。其中，调研说明通过介绍调研目的和动机等消除被试者顾虑。在问卷开头，以“令您印象深刻的网络服务平台的类型”等问题引导消费者回忆在网络服务平台的服务消费经历，将被试者带入服务消费情境，为被试者更准确地回忆其体验到的服务经历奠定基础，提升样本的有效性。测量内容主要包括以下三个部分：①网络服务平台使用情况调查，包括网络服务平台的类型、使用该网络服务平台的时间、每月使用该网络服务平台的次数，用于考察被试者使用网络服务平台的基本情况。②本研究涉及的研究变量的测量，包括消费者组织社会化（包括角色清晰、工作掌握、目标一致三个维度）、合作生产（包括服从、个人主动性、公民美德三个维度）、消费者幸福感（包括满足感、积极情感两个维度）、独特性需求等变量的测量题项，考察被试者对各变量的感知情况。③被试者的人口统计学特征变量的测量，包括性别、年龄、婚姻情况、职业、家庭成员、教育背景、月可支配收入等，考察被试者的个人基本情况。具体问卷详见附录2。本研究的主要变量测量题项及来源如表4-1所示。

表4-1 测量题项及来源

变量		编号	题项	来源
消费者组织社会化	角色清晰（RC）	RC1	我清楚在服务消费过程中应该做哪些事	Rizzo 等
		RC2	我很清楚服务企业对我的期望是什么	
		RC3	服务企业会告知我在服务消费过程中的表现如何	
	工作掌握（TM）	TM1	我觉得我有能力在服务消费过程中发挥我的作用	Morrison 等
		TM2	我已经学会了如何有效地执行我在服务中的任务	
		TM3	我已经掌握了在服务中成功执行的技能要求	
	目标一致（GC）	GC1	我赞同这个服务企业的经营理念	Chao 等
		GC2	我致力于实现服务企业的目标	
		GC3	我认为我个人的目标和服务企业的目标是一致的	

续 表

变量		编号	题项	来源
消费者合作生产	服从（COMP）	COMP1	我试着去做服务人员让我做的事	Guo 等
		COMP2	我遵循服务人员的建议或指导，如采用推荐的支付方式	
		COMP3	对于服务企业的任何书面或口头询问，我都会及时回复	
	个人主动性（INI）	INI1	我把服务指导和建议（例如：饮食建议等）应用在生活中	
		INI2	我积极向服务企业寻求服务决策方面的建议	
		INI3	我认为自己是服务企业的积极参与者	
		INI4	我通过对话或书面函件提供关于该服务消费的反馈	
	公民美德（CV）	CV1	我会主动与服务企业沟通服务中潜在的相关问题	
		CV2	我就如何改进该企业的服务提出了建议	
		CV3	我让服务企业知道怎样才能更好地满足我的需要	
消费者幸福感	满足感（CS）	CS1	这次消费让我能买到自己喜欢的服务	张跃先等
		CS2	这次服务消费让我感到知足	
		CS3	服务消费过程中感觉自己受到尊重和重视	
		CS4	这次服务消费让我感到超值	
		CS5	这次服务消费让我感到满意	
		CS6	这次服务消费让我感到满足	
	积极情感（PA）	PA1	这次服务消费让我感到愉快	
		PA2	这次服务消费让我感到惊喜	
		PA3	这次服务消费让我感到轻松	
		PA4	这次服务消费让我感到开心	
		PA5	这次服务消费让我感到享受	

续 表

变量	编号	题项	来源
独特性需求（NU）	NU1	我被稀有物品所吸引	Lynn 和 Harris
	NU2	我倾向于做一个时尚的领导者而不是一个时尚的跟随者	
	NU3	如果产品稀缺，我更有可能购买	
	NU4	我喜欢定做的东西，而不喜欢现成的东西	
	NU5	我喜欢拥有别人没有的东西	
	NU6	我很少错过为我购买的产品或服务定制功能的机会	
	NU7	我喜欢在别人之前尝试新的产品和服务	
	NU8	我喜欢在那些提供不同寻常的产品或服务的商家消费	

消费者组织社会化变量的测量包含 3 个维度，共 9 个题项。其中，角色清晰的测量主要参考 Rizzo 等学者开发的量表，包括“我清楚在服务消费过程中应该做哪些事”等 3 个题项；工作掌握的测量主要参考 Morrison 等开发的量表，包括“我觉得我有能力在服务消费过程中发挥我的作用”等 3 个题项；目标一致的测量主要参考 Chao 等学者开发的量表，包括“我赞同这个服务企业的经营理念”等 3 个题项。这三个量表在 Guo 等的金融服务咨询领域相关研究中用于消费者组织社会化的测量，并获得了较好的信度和效度，本研究综合借鉴前人对消费者组织社会化各个维度量表开发成果，在不改变核心语义的前提下，结合本研究的研究背景对量表题项的表述进行了适当调整。采用李克特 5 级量表，从“1”到“5”表示从“非常不同意”到“非常同意”。

消费者合作生产变量的测量主要参考 Guo 等基于金融服务管理项目情境开发的量表。该量表由服从、个人主动性、公民美德三个维度构成，包括“我试着去做服务提供人员让我做的事”“我积极向服务企业寻求服务决策方面的建议”“我会主动与服务企业沟通服务中潜在的相关问题”等 10 个题项。

消费者幸福感的测量与第 3 章中对消费者幸福感的测量方法一致，包括满足感和积极情感两个维度，共 11 个题项。

独特性需求变量的测量选用 Lynn 和 Harris 开发的量表。该量表包含“我被稀有物品所吸引”等 8 个题项。

4.2.2 样本选取与数据收集

在当今服务消费领域，互联网、通信等技术广泛融入服务消费活动，为消费者参与服务提供了必要的技术支持。与传统线下服务相比，网络服务具有自主性、便利性等特点，这些特点决定了在以互联网为媒介的购物、旅游、医疗、教育等服务消费中，消费者参与服务的目的更加明确，并在一定程度上掌握自主完成服务的必要技能，消费者组织社会化程度更高，作为服务企业的合作生产者，参与价值共创的程度更高。因此，本研究以消费者在网络服务平台的服务消费经历和体验为背景，采用问卷调查的方式收集数据。在问卷开头，以“在现实生活中，您可能会使用不同的网络服务平台来购买产品或服务，例如，在淘宝网购物、在移动网上营业厅选择套餐、在网上银行购买理财产品等。请您结合以往令您印象深刻的网络服务消费经历和体验回答以下问题”引导消费者回忆在网络服务平台的服务消费经历，将被调查者带入服务消费情境。为保证问卷的有效性，在正式调研之前，选取不同教育背景、职业、年龄段的消费者进行预调研，根据预调研反馈对问卷进行了修订和完善。

正式问卷调查通过线上问卷平台（如微信）等方式共发放问卷 700 份，经过甄别筛选剔除漏项或答案选项趋同的问卷，最终得到有效问卷为 371 份，有效回收率为 53%。样本基本情况如表 4-2 所示。

表 4-2 样本基本情况

变量	类型	频次	百分比（%）
性别	男性	165	44.5
	女性	206	55.5

续 表

变量	类型	频次	百分比（%）
年龄	25 岁以下	41	11. 1
	26~35 岁	166	44. 7
	36~45 岁	133	35. 8
	46~55 岁	19	5. 1
	56 岁及以上	12	3. 2
婚姻情况	已婚	295	79. 5
	未婚	74	19. 9
	其他	2	0. 5
职业	企业职员	234	63. 1
	公务员/事业单位人员	50	13. 5
	自由职业者	13	3. 5
	个体经营者	23	6. 2
	学生	25	6. 7
	其他	26	7. 0
家庭成员	配偶	22	5. 9
	子女	2	0. 5
	老人	58	15. 6
	子女和老人	12	3. 2
	配偶和子女	108	29. 1
	配偶与老人	11	3. 0
	配偶、子女和老人	151	40. 7
	无	7	1. 9
教育背景	高中/中专以下	14	3. 8
	高中/中专	7	1. 9
	大专	25	6. 7
	本科	225	60. 6
	研究生及以上	100	27. 0

续 表

变量	类型	频次	百分比（%）
月可支配收入	2000 元以下	20	5. 4
	2000~3999 元	65	17. 5
	4000~5999 元	73	19. 7
	6000 元及以上	213	57. 4
使用网络服务平台的类型	在线购物	301	81. 1
	在线旅游服务	9	2. 4
	在线通信服务	15	4. 0
	在线医疗服务	3	0. 8
	在线金融服务	10	2. 7
	网络教育服务	28	7. 5
	其他	5	1. 3
使用网络服务平台的时间	1 年以下	7	1. 9
	1~2 年	8	2. 1
	2~3 年	20	5. 4
	3~4 年	38	10. 2
	4 年以上	298	80. 3
使用网络服务平台次数	1~5 次	116	31. 3
	6~10 次	93	25. 1
	11~15 次	50	13. 5
	16~20 次	27	7. 3
	20 次以上	85	22. 9

被调查者中，男性占 44. 5%，女性占 55. 5%；26~45 岁占 80. 5%，已婚占 79. 5%，月收入 4000 元及以上占 77. 1%，本科及以上学历占 87. 6%；企业职员占 63. 1%，家庭成员除自己外，还包括配偶、子女和老人的占 40. 7%。本次调查对象中青年占比超过 90%，这一群体是网络服务平台消费的主要群体，与实际情况相符。

4.3 数据分析

4.3.1 同源方差检验

本研究虽然采用了匿名填写的方式对问卷调查进行程序控制，但由于每份问卷均由同一名被试者在同一时间填答完成，并且采用相同的调查工具，可能会产生同源方差问题，因此，需要对同源方差进行检验。采用 Harman 单因素检验法对同源方差进行统计控制，运用 SPSS22.0 数据分析软件对问卷中的所有测量题项进行主成分因子分析，在未旋转情况下，得到的第一主成分为 47.161%，小于临界值 50%的判断指标。表明本研究第一主成分没有解释大部分变量，同源方差不严重。

4.3.2 信度与效度检验

4.3.2.1 信度检验

结合 Cronbach's α 系数和 CR 值检验测量指标的信度，以确保测量的严谨性和科学性。采用 SPSS22.0 数据分析软件进行可靠性分析，计算各测量量表的 Cronbach's α 值；采用 AMOS21.0 结构方程建模软件进行验证因子分析，根据得出的标准化因子载荷计算各测量量表的 CR 值，信度分析结果如表 4-3 所示。

表 4-3　　信度分析结果

变量	编号	题项数	Cronbach's α 值	CR 值
角色清晰	RC	3	0.762	0.761
工作掌握	TM	3	0.827	0.804
目标一致	GC	3	0.721	0.751

续 表

变量	编号	题项数	Cronbach's α 值	CR 值
服从	COMP	3	0.772	0.775
个人主动性	INI	4	0.877	0.877
公民美德	CV	3	0.897	0.897
满足感	CS	6	0.883	0.882
积极情感	PA	5	0.884	0.892
独特性需求	NU	8	0.926	0.811

由表 4-3 可以看出，各变量的 Cronbach's α 值在 0.721~0.926，均高于 0.7，表明量表有较高的内部一致性。根据标准化因子分析的载荷系数计算出的各变量的 CR 值在 0.751~0.897，均高于 0.5，表明量表有较好的可靠性和稳定性。

4.3.2.2 效度检验

效度检验主要包括内容效度和建构效度，其中，建构效度包括收敛效度和区别效度。

①所选取的量表均是经过实证检验具有良好信度和效度的成熟量表，通过翻译-回译结合本研究的研究背景和研究目的进行适当语义调整，企业专业研究者审定，以及对 50 个样本进行预测试，可以认为本研究的量表在一定程度上涵盖了所要测量的构念，且语义清晰、准确、精练，具有较好的内容效度。

②采用 AMOS21.0 结构方程建模软件构建结构方程模型，进行验证性因子分析，检验量表的收敛效度和区别效度。各变量测量模型拟合指标结果如表 4-4 所示。各变量的收敛效度检验结果如表 4-5 所示。

由表 4-4 可以看出，χ^2/df 等于 1.326，小于 5.0；CFI 等于 0.984，IFI 等于 0.984，TLI 等于 0.981，GFI 等于 0.902，均大于 0.9；RMSEA 等于 0.030，小于 0.08。这表明测量模型达到了较好的拟合水平。

表 4-4 **测量模型拟合指标结果**

	χ^2/df	CFI	IFI	TLI	GFI	RMSEA
模型	1.326	0.984	0.984	0.981	0.902	0.030
标准	<5.0	>0.9	>0.9	>0.9	>0.9	<0.08

由表4-5可以看出，各变量的标准化因子载荷均大于0.5，介于0.626～0.868，小于1。根据标准化因子载荷计算AVE值，如表4-5所示。各变量的AVE值均大于0.5，表明量表具有较好的收敛效度。

表 4-5 **收敛效度检验结果**

变量	编号	题项	标准化因子载荷	AVE
角色清晰（RC）	RC1	我清楚在服务消费过程中应该做哪些事	0.669	0.518
	RC2	我很清楚服务企业对我的期望是什么	0.740	
	RC3	服务企业会告知我在服务消费过程中的表现如何	0.743	
工作掌握（TM）	TM1	我觉得我有能力在服务消费过程中发挥我的作用	0.767	0.578
	TM2	我已经学会了如何有效地执行我在服务中的任务	0.754	
	TM3	我已经掌握了在服务中成功执行的技能要求	0.759	
目标一致（GC）	GC1	我赞同这个服务企业的经营理念	0.725	0.503
	GC2	我致力于实现服务企业的目标	0.626	
	GC3	我认为我个人的目标和服务企业的目标是一致的	0.769	
服从（COMP）	COMP1	我试着去做服务人员让我做的事	0.722	0.535
	COMP2	我遵循服务人员的建议或指导，如采用推荐的支付方式	0.723	
	COMP3	对于服务企业的任何书面或口头询问，我都会及时回复	0.749	

续 表

变量	编号	题项	标准化因子载荷	AVE
个人主动性（INI）	INI1	我把服务指导和建议（例如：饮食建议等）应用在生活中	0.779	0.641
	INI2	我积极向服务企业寻求服务决策方面的建议	0.815	
	INI3	我认为自己是服务企业的积极参与者	0.797	
	INI4	我通过对话或书面函件提供关于该服务消费的反馈	0.812	
公民美德（CV）	CV1	我会主动与服务企业沟通服务中潜在的相关问题	0.853	0.743
	CV2	我就如何改进该企业的服务提出了建议	0.868	
	CV3	我让服务企业知道怎样才能更好地满足我的需要	0.866	
满足感（CS）	CS1	这次消费让我能买到自己喜欢的服务	0.660	0.556
	CS2	这次服务消费让我感到知足	0.717	
	CS3	服务消费过程中感觉自己受到尊重和重视	0.767	
	CS4	这次服务消费让我感到超值	0.769	
	CS5	这次服务消费让我感到满意	0.778	
	CS6	这次服务消费让我感到满足	0.777	
积极情感（PA）	PA1	这次服务消费让我感到愉快	0.823	0.623
	PA2	这次服务消费让我感到惊喜	0.791	
	PA3	这次服务消费让我感到轻松	0.764	
	PA4	这次服务消费让我感到开心	0.790	
	PA5	这次服务消费让我感到享受	0.776	
独特性需求（NU）	NU1	我被稀有物品所吸引	0.765	0.620
	NU2	我倾向于做一个时尚的领导者而不是一个时尚的跟随者	0.771	
	NU3	如果产品稀缺，我更有可能购买	0.804	
	NU4	我喜欢定做的东西，而不喜欢现成的东西	0.753	
	NU5	我喜欢拥有别人没有的东西	0.793	

续　表

变量	编号	题项	标准化因子载荷	AVE
独特性需求（NU）	NU6	我很少错过为我购买的产品或服务定制功能的机会	0.838	0.620
	NU7	我喜欢在别人之前尝试新的产品和服务	0.762	
	NU8	我喜欢在那些提供不同寻常的产品或服务的商家消费	0.811	

③本研究通过比较各变量 AVE 的平方根和其与其他变量的相关系数检验量表的区别效度。变量间相关系数区别效度检验结果如表 4-6 所示，对角线上加粗表示的数值为各变量 AVE 的平方根。

表 4-6　　区别效度检验结果

变量	角色清晰	工作掌握	目标一致	服从	个人主动性	公民美德	满足感	积极情感	独特性需求
角色清晰	**0.720**								
工作掌握	0.401**	**0.760**							
目标一致	0.575**	0.406**	**0.709**						
服从	0.472**	0.384**	0.478**	**0.731**					
个人主动性	0.357**	0.367**	0.693**	0.403**	**0.801**				
公民美德	0.421**	0.380**	0.688**	0.473**	0.729**	**0.862**			
满足感	0.561**	0.522**	0.567**	0.597**	0.475**	0.483**	**0.746**		
积极情感	0.558**	0.529**	0.668**	0.616**	0.577**	0.601**	0.728**	**0.789**	
独特性需求	0.343**	0.215**	0.521**	0.336**	0.554**	0.507**	0.315**	0.480**	**0.787**

注：** $P<0.01$，对角线上加粗表示的数值为各变量 AVE 的平方根。

由表 4-6 可知，各变量 AVE 的平方根分别为 0.720、0.760、0.709、0.731、0.801、0.862、0.746、0.789 和 0.787，均大于其与其他变量的相关系数，表明本研究各变量之间具有较好的区别效度。

基于以上效度检验，本研究量表具有较好的收敛效度，各变量之间具有较好的区别效度，即具有较好的建构效度。综上所述，本研究量表具有较好的信度和效度。

4.3.3 相关分析

主要变量间的相关分析如表 4-7 所示，相关系数为 Pearson 相关系数检验（双尾检验）结果。由表 4-7 可知，角色清晰、工作掌握、目标一致、服从、个人主动性、公民美德、满足感、积极情感、独特性需求变量之间两两相关的关系显著。其中，角色清晰与满足感在 $P<0.01$ 的显著性水平上相关系数为 0.561，角色清晰与积极情感在 $P<0.01$ 的显著性水平上相关系数为 0.558，为本章假设 H1a、H1b 提供了初步支持；工作掌握与满足感在 $P<0.01$ 的显著性水平上相关系数为 0.522，工作掌握与积极情感在 $P<0.01$ 的显著性水平上相关系数为 0.529，为本章假设 H2a、H2b 提供了初步支持；目标一致与满足感在 $P<0.01$ 的显著性水平上相关系数为 0.567，目标一致与积极情感在 $P<0.01$ 的显著性水平上相关系数为 0.668，为本章假设 H3a、H3b 提供了初步支持；角色清晰与服从在 $P<0.01$ 的显著性水平上相关系数为 0.472，角色清晰与个人主动性在 $P<0.01$ 的显著性水平上相关系数为 0.357，角色清晰与公民美德在 $P<0.01$ 的显著性水平上相关系数为 0.421，为本章假设 H4a、H4b、H4c 提供了初步支持；工作掌握与服从在 $P<0.01$ 的显著性水平上相关系数为 0.384，工作掌握与个人主动性在 $P<0.01$ 的显著性水平上相关系数为 0.367，工作掌握与公民美德在 $P<0.01$ 的显著性水平上相关系数为 0.380，为本章假设 H5a、H5b、H5c 提供了初步支持；目标一致与服从在 $P<0.01$ 的显著性水平上相关系数为 0.478，目标一致与个人主动性在 $P<0.01$ 的显著性水平上相关系数为 0.693，目标一致与公民美德在 $P<0.01$ 的显著性水平上相关系数为 0.688，为本章假设 H6a、H6b、H6c 提供了初步支持；服从与满足感在 $P<0.01$ 的显著性水平上相关系数为 0.597，服从与积极情感在 $P<0.01$ 的显著性水平上相关系数为 0.616，为本章假设 H7a、H7b 提供了初步支持；个人主动性与满足感在 $P<0.01$ 的显著性水平上相关系数为 0.475，个人主动性与积极情感在 $P<0.01$ 的显著性水平上相关系数为 0.577，为本章假设 H8a、H8b 提供了初步支持；公民美德与满足感在 $P<0.01$ 的显著性水平上相关系数为

0.483，公民美德与积极情感在 $P<0.05$ 的显著性水平上相关系数为0.601，为本章假设 H9a、H9b 提供了初步支持。

表 4-7　　主要变量间的相关分析

变量	均值	方差	角色清晰	工作掌握	目标一致	服从	个人主动性	公民美德	满足感	积极情感	独特性需求
角色清晰	4.015	0.679	1								
工作掌握	4.131	0.662	0.401**	1							
目标一致	3.821	0.656	0.575**	0.406**	1						
服从	3.811	0.730	0.472**	0.384**	0.478**	1					
个人主动性	3.763	0.840	0.357**	0.367**	0.693**	0.403**	1				
公民美德	3.653	0.983	0.421**	0.380**	0.688**	0.473**	0.729**	1			
满足感	4.063	0.577	0.561**	0.522**	0.567**	0.597**	0.475**	0.483**	1		
积极情感	3.987	0.621	0.558**	0.529**	0.668**	0.616**	0.577**	0.601*	0.728**	1	
独特性需求	3.755	0.784	0.343**	0.215**	0.521**	0.336**	0.554**	0.507**	0.315**	0.480**	1

注：** $P<0.01$，* $P<0.05$。

4.3.4 假设检验

采用 AMOS21.0 结构方程建模软件构建结构方程模型，检验消费者组织社会化的三个维度（角色清晰、工作掌握和目标一致）与合作生产的三个维度（服从、个人主动性和公民美德）对消费者幸福感的两个维度（满足感和积极情感）的影响关系。路径模型拟合指标结果如表 4-8 所示。

表 4-8　　路径模型拟合指标结果

	χ^2/df	CFI	IFI	TLI	GFI	RMSEA
模型	1.533	0.980	0.980	0.977	0.908	0.038
标准	<5.0	>0.9	>0.9	>0.9	>0.9	<0.08

由表 4-8 可知，χ^2/df 等于 1.533，CFI 等于 0.980，IFI 等于 0.980，TLI 等于 0.977，GFI 等于 0.908，RMSEA 等于 0.038，表明数据与理论模型间的

拟合关系良好。路径分析结果如图 4-2 所示。

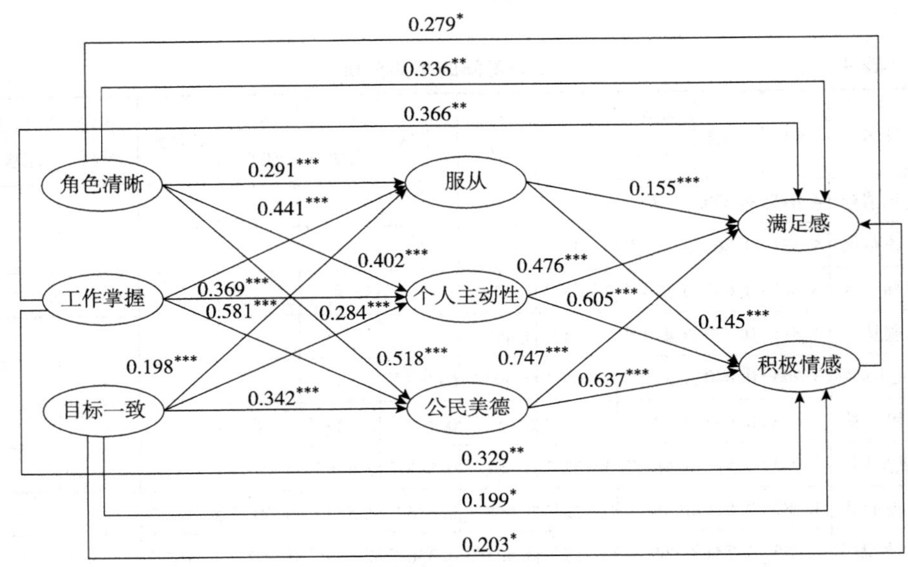

图 4-2　路径分析结果

注：* $P<0.05$，** $P<0.01$，*** $P<0.001$。

4.3.4.1　消费者组织社会化与消费者幸福感总效应关系检验

消费者组织社会化对消费者幸福感（满足感和积极情感）总效应关系检验结果如表 4-9 所示。本研究根据置信区间的上下限值对总效应是否显著进行判别：如果置信区间不包含 0，则效应值显著；如果置信区间包含 0，则效应值不显著。

表 4-9　总效应关系检验结果

路径关系	总效应值	标准误	LLCI	ULCI
角色清晰→满足感	0.287	0.055	0.205	0.244
角色清晰→积极情感	0.336	0.068	0.246	0.269
工作掌握→满足感	0.312	0.061	0.210	0.227
工作掌握→积极情感	0.328	0.059	0.223	0.223
目标一致→满足感	0.218	0.051	0.126	0.152
目标一致→积极情感	0.220	0.047	0.132	0.150

由表 4-9 可知，角色清晰对满足感有显著的正向影响，总效应值为 0.287，置信区间为［0.205，0.244］，不包含 0，本章假设 H1a 得到支持。角色清晰对积极情感有显著的正向影响，总效应值为 0.336，置信区间为［0.246，0.269］，不包含 0，本章假设 H1b 得到支持。工作掌握对满足感有显著的正向影响，总效应值为 0.312，置信区间为［0.210，0.227］，不包含 0，本章假设 H2a 得到支持。工作掌握对积极情感有显著的正向影响，总效应值为 0.328，置信区间为［0.223，0.223］，不包含 0，本章假设 H2b 得到支持。目标一致对满足感有显著的正向影响，总效应值为 0.218，置信区间为［0.126，0.152］，不包含 0，本章假设 H3a 得到支持。目标一致对积极情感有显著的正向影响，总效应值为 0.220，置信区间为［0.132，0.150］，不包含 0，本章假设 H3b 得到支持。

4.3.4.2 消费者组织社会化、合作生产、消费者幸福感直接效应关系检验

消费者组织社会化中的角色清晰、工作掌握、目标一致与合作生产中的服从、个人主动性、公民美德间关系的直接效应，合作生产中的服从、个人主动性、公民美德与满足感、积极情感间关系的直接效应分析结果如表 4-10 所示。由表 4-10 可知，角色清晰对服从有显著的正向影响（$\beta=0.291$，$P<0.001$），本章假设 H4a 得到支持。角色清晰对个人主动性有显著的正向影响（$\beta=0.402$，$P<0.001$），本章假设 H4b 得到支持。角色清晰对公民美德有显著的正向影响（$\beta=0.518$，$P<0.001$），本章假设 H4c 得到支持。工作掌握对服从有显著的正向影响（$\beta=0.441$，$P<0.001$），本章假设 H5a 得到支持。工作掌握对个人主动性有显著的正向影响（$\beta=0.369$，$P<0.001$），本章假设 H5b 得到支持。工作掌握对公民美德有显著的正向影响（$\beta=0.581$，$P<0.001$），本章假设 H5c 得到支持。目标一致对服从有显著的正向影响（$\beta=0.198$，$P<0.001$），本章假设 H6a 得到支持。目标一致对个人主动性有显著的正向影响（$\beta=0.284$，$P<0.001$），本章假设 H6b 得到支持。目标一致对公民美德有显著的正向影响（$\beta=0.342$，$P<0.001$），本章假设 H6c 得到支持。服从对满足感有显著的正向影响（$\beta=0.155$，$P<0.001$），本章假设 H7a 得到

支持。服从对积极情感有显著的正向影响（$\beta=0.145$，$P<0.001$），本章假设H7b得到支持。个人主动性对满足感有显著的正向影响（$\beta=0.476$，$P<0.001$），本章假设H8a得到支持。个人主动性对积极情感有显著的正向影响（$\beta=0.605$，$P<0.001$），本章假设H8b得到支持。公民美德对满足感有显著的正向影响（$\beta=0.747$，$P<0.001$），本章假设H9a得到支持。公民美德对积极情感有显著的正向影响（$\beta=0.637$，$P<0.001$），本章假设H9b得到支持。

表4-10　直接效应分析结果

路径关系	路径系数	标准误	T值	P值
角色清晰→服从	0.291	0.043	6.786	***
角色清晰→个人主动性	0.402	0.048	8.452	***
角色清晰→公民美德	0.518	0.062	8.408	***
工作掌握→服从	0.441	0.056	7.810	***
工作掌握→个人主动性	0.369	0.054	6.871	***
工作掌握→公民美德	0.581	0.074	7.893	***
目标一致→服从	0.198	0.043	4.581	***
目标一致→个人主动性	0.284	0.046	6.136	***
目标一致→公民美德	0.342	0.061	5.637	***
服从→满足感	0.155	0.070	2.203	***
服从→积极情感	0.145	0.071	2.052	***
个人主动性→满足感	0.476	0.136	3.497	***
个人主动性→积极情感	0.605	0.157	3.847	***
公民美德→满足感	0.747	0.178	4.192	***
公民美德→积极情感	0.637	0.141	4.518	***
角色清晰→满足感	0.336	0.128	2.629	**
角色清晰→积极情感	0.279	0.113	2.469	*
工作掌握→满足感	0.366	0.137	2.675	**
工作掌握→积极情感	0.329	0.125	2.624	**
目标一致→满足感	0.203	0.088	2.306	*
目标一致→积极情感	0.199	0.085	2.330	*

注：* $P<0.05$，** $P<0.01$，*** $P<0.001$。

4.3.4.3 合作生产的中介效应检验

采用 SPSS22.0 数据分析软件中的 Process 程序，结合 Bootstrap 方法对合作生产各维度（服从、个人主动性、公民美德）在消费者组织社会化各维度（角色清晰、工作掌握、目标一致）对消费者幸福感各维度（满足感、积极情感）影响的中介效应进行检验。本研究选取模型 4，结合偏差校正的非参数百分位法，构建 95%的置信区间，重复随机抽样 5000 次，对各间接效应的效应值进行估计，结果如表 4-11～表 4-13 所示。本研究根据置信区间的上下限值结果对间接效应是否显著进行判别：如果置信区间不包含 0，则效应值显著；如果置信区间包含 0，则效应值不显著。

表 4-11　　中介效应检验结果 1

路径关系	间接效应	标准误	LLCI	ULCI
角色清晰→服从→满足感	0.323	0.054	0.221	0.433
角色清晰→服从→积极情感	0.372	0.056	0.268	0.486
角色清晰→个人主动性→满足感	0.328	0.049	0.235	0.429
角色清晰→个人主动性→积极情感	0.353	0.048	0.262	0.448
角色清晰→公民美德→满足感	0.287	0.054	0.186	0.400
角色清晰→公民美德→积极情感	0.343	0.052	0.250	0.452

由表 4-11 可知，服从在角色清晰与满足感间的间接效应值为 0.323，置信区间为 [0.221，0.433]，不包含 0，即服从在角色清晰对满足感的影响中起中介作用，本章假设 H10a 得到支持。服从在角色清晰与积极情感间的间接效应值为 0.372，置信区间为 [0.268，0.486]，不包含 0，即服从在角色清晰对积极情感的影响中起中介作用，本章假设 H10b 得到支持。个人主动性在角色清晰与满足感间的间接效应值为 0.328，置信区间为 [0.235，0.429]，不包含 0，即个人主动性在角色清晰对满足感的影响中起中介作用，本章假设 H10c 得到支持。个人主动性在角色清晰与积极情感间的间接效应值为 0.353，置信区间为 [0.262，0.448]，不包含 0，即个人主动性在角色清晰对积极情感的影响中起中介作用，本章假设 H10d 得到支持。公民美德在角色清晰与满

足感间的间接效应值为 0. 287，置信区间为［0. 186，0. 400］，不包含 0，即公民美德在角色清晰对满足感的影响中起中介作用，本章假设 H10e 得到支持。公民美德在角色清晰与积极情感间的间接效应值为 0. 343，置信区间为［0. 250，0. 452］，不包含 0，即公民美德在角色清晰对积极情感的影响中起中介作用，本章假设 H10f 得到支持。

由表 4-12 可知，服从在工作掌握与满足感间的间接效应值为 0. 317，置信区间为［0. 231，0. 414］，不包含 0，即服从在工作掌握对满足感的影响中起中介作用，本章假设 H11a 得到支持。服从在工作掌握与积极情感间的间接效应值为 0. 337，置信区间为［0. 243，0. 436］，不包含 0，即服从在工作掌握对积极情感的影响中起中介作用，本章假设 H11b 得到支持。个人主动性在工作掌握与满足感间的间接效应值为 0. 320，置信区间为［0. 216，0. 438］，不包含 0，即个人主动性在工作掌握对满足感的影响中起中介作用，本章假设 H11c 得到支持。个人主动性在工作掌握与积极情感间的间接效应值为 0. 307，置信区间为［0. 207，0. 427］，不包含 0，即个人主动性在工作掌握对积极情感的影响中起中介作用，本章假设 H11d 得到支持。公民美德在工作掌握与满足感间的间接效应值为 0. 274，置信区间为［0. 177，0. 400］，不包含 0，即公民美德在工作掌握对满足感的影响中起到中介作用，本章假设 H11e 得到支持。公民美德在工作掌握与积极情感间的间接效应值为 0. 302，置信区间为［0. 204，0. 414］，不包含 0，即公民美德在工作掌握对积极情感的影响中起到中介作用，本章假设 H11f 得到支持。

表 4-12　　中介效应检验结果 2

路径关系	参数估计	标准误	LLCI	ULCI
工作掌握→服从→满足感	0. 317	0. 048	0. 231	0. 414
工作掌握→服从→积极情感	0. 337	0. 050	0. 243	0. 436
工作掌握→个人主动性→满足感	0. 320	0. 057	0. 216	0. 438
工作掌握→个人主动性→积极情感	0. 307	0. 056	0. 207	0. 427
工作掌握→公民美德→满足感	0. 274	0. 058	0. 177	0. 400
工作掌握→公民美德→积极情感	0. 302	0. 054	0. 204	0. 414

由表 4-13 可知，服从在目标一致与满足感间的间接效应值为 0.379，置信区间为［0.266，0.496］，不包含 0，即服从在目标一致对满足感的影响中起中介作用，本章假设 H12a 得到支持。服从在目标一致与积极情感间的间接效应值为 0.403，置信区间为［0.290，0.539］，不包含 0，即服从在目标一致对积极情感的影响中起中介作用，本章假设 H12b 得到支持。个人主动性在目标一致与满足感间的间接效应值为 0.389，置信区间为［0.290，0.506］，不包含 0，即个人主动性在目标一致对满足感的影响中起中介作用，本章假设 H12c 得到支持。个人主动性在目标一致与积极情感间的间接效应值为 0.382，置信区间为［0.280，0.509］，不包含 0，即个人主动性在目标一致对积极情感的影响中起中介作用，本章假设 H12d 得到支持。公民美德在目标一致与满足感间的间接效应值为 0.338，置信区间为［0.235，0.464］，不包含 0，即公民美德在目标一致对满足感的影响中起中介作用，本章假设 H12e 得到支持。公民美德在目标一致与积极情感间的间接效应值为 0.370，置信区间为［0.276，0.489］，不包含 0，即公民美德在目标一致对积极情感的影响中起中介作用，本章假设 H12f 得到支持。

表 4-13　　　　中介效应检验结果 3

路径关系	参数估计	标准误	LLCI	ULCI
目标一致→服从→满足感	0.379	0.059	0.266	0.496
目标一致→服从→积极情感	0.403	0.063	0.290	0.539
目标一致→个人主动性→满足感	0.389	0.054	0.290	0.506
目标一致→个人主动性→积极情感	0.382	0.058	0.280	0.509
目标一致→公民美德→满足感	0.338	0.058	0.235	0.464
目标一致→公民美德→积极情感	0.370	0.054	0.276	0.489

4.3.4.4 独特性需求的调节效应检验

本研究中自变量和调节变量都是连续变量，因此，采用 SPSS22.0 数据分析软件进行层次回归，对独特性需求在合作生产各维度（服从、个人主动性、公民美德）对消费者幸福感各维度（满足感、积极情感）影响的调节效应进行检验。在进行层次回归之前，先对各变量进行中心化处理，再计算交互项。本研究依据调节效应检验程序，通过强迫进入法，在回归模型中依次将性别、年龄、婚姻情况、职业、家庭成员、教育背景、月可支配收入等人口统计学特征变量，以及服务消费特征变量（使用网络服务平台的类型、使用网络服务平台时间、月使用网络服务平台次数）等控制变量，服从、个人主动性、公民美德和独特性需求，服从和独特性需求的交互项，个人主动性和独特性需求的交互项，公民美德和独特性需求的交互项依次带入层次回归模型中，调节效应检验结果如表 4-14～表 4-16 所示。

由表 4-14 可知，模型 3 的调整 R^2 值为 0.777，大于模型 2 的调整 R^2 值 0.772，说明当引入服从与独特性需求的交互项后，自变量对满足感的变异解释量增加了 0.5%，且在 $P<0.001$ 的水平上显著，同时，模型 3 中服从和独特性需求的交互项对满足感的负向影响显著（$P<0.01$），表明独特性需求显著地负向调节了服从和满足感间的关系，本章假设 H13a 得到支持；模型 6 的调整 R^2 值为 0.790，大于模型 5 的调整 R^2 值 0.775，说明当引入服从与独特性需求的交互项后，自变量对积极情感的变异解释量增加了 1.5%，且在 $P<0.001$ 的水平上显著，同时，模型 3 中服从和独特性需求的交互项对积极情感的负向影响显著（$P<0.001$），表明独特性需求显著地负向调节了服从和积极情感间的关系，本章假设 H13b 得到支持。

表 4-14　　调节效应检验结果 1

变量	满足感			积极情感		
	M1	M2	M3	M4	M5	M6
控制变量						
性别	−0.054	0.010	0.011	−0.054	−0.025	−0.023
年龄	−0.127**	0.017	0.016	−0.127**	0.038	0.039*
婚姻情况	−0.222*	−0.033	−0.037	−0.222*	−0.067	−0.076
职业	−0.041*	−0.012	−0.011	−0.041*	−0.011	−0.010
家庭成员	−0.009	−0.011	−0.008	−0.009	−0.008	−0.005
教育背景	0.026	0.022	0.018	0.026	0.037*	0.033
月可支配收入	0.069	−0.002	0.001	0.069	−0.045*	−0.040*

续 表

变量	满足感			积极情感		
	M1	M2	M3	M4	M5	M6
使用网络服务平台的类型	−0. 021	−0. 008	−0. 005	−0. 021	0. 001	0. 004
使用网络服务平台时间	0. 056	0. 029	0. 033	0. 056	0. 005	0. 012
月使用网络服务平台次数	0. 017	−0. 008	−0. 009	0. 017	0. 007	0. 005
自变量						
服从		0. 688***	0. 660***		0. 603***	0. 568***
调节变量						
独特性需求		0. 002	0. 001		0. 019	0. 020
自变量与调节变量交互项						
服从×独特性需求			−0. 061**			−0. 089***
F	4. 132***	105. 125***	100. 388***	4. 132***	107. 179***	107. 861***
R^2	0. 103	0. 779	0. 785	0. 103	0. 782	0. 797
调整 R^2	0. 078	0. 772	0. 777	0. 078	0. 775	0. 790

注：* P<0. 05，** P<0. 01，*** P<0. 001。

由表 4-15 可知，模型 3 的调整 R^2 值为 0. 790，大于模型 2 的调整 R^2 值 0. 775，说明当引入个人主动性与独特性需求的交互项后，自变量对满足感的变异解释量增加了 1. 5%，且在 P<0. 001 的水平上显著，同时，模型 3 中个人主动性与独特性需求的交互项对满足感的正向影响显著（P<0. 001），表明独特性需求显著地正向调节了个人主动性和满足感间的关系，本章假设 H14a 得到支持；模型 6 的调整 R^2 值为 0. 793，大于模型 5 的调整 R^2 值 0. 784，说明当引入个人主动性与独特性需求的交互项后，自变量对积极情感的变异解释量增加了 0. 9%，且在 P<0. 001 的水平上显著，同时，模型 3 中个人主动性与独特性需求的交互项对积极情感的正向影响显著（P<0. 001），表明独特性需求显著地正向调节了个人主动性和积极情感间的关系，本章假设 H14b 得到支持。

表 4-15　　　　调节效应检验结果 2

变量	满足感			积极情感		
	M1	M2	M3	M4	M5	M6
控制变量						
性别	-0.054	-0.025	-0.023	-0.058	-0.026	-0.024
年龄	-0.127**	0.038	0.039*	-0.161***	0.015	0.016
婚姻情况	-0.222*	-0.067	-0.076	-0.231*	-0.068	-0.075
职业	-0.041*	-0.011	-0.010	-0.034	-0.001	-0.001
家庭成员	-0.009	-0.008	-0.005	0.005	0.006	0.009
教育背景	0.026	0.037*	0.033	-0.005	0.010	0.007
月可支配收入	0.069	-0.045*	-0.040*	0.111**	-0.015	-0.011
使用网络服务平台的类型	-0.021	0.000	0.004	-0.036	-0.013	-0.009
使用网络服务平台时间	0.056	0.005	0.012	0.012	-0.042*	-0.036
月使用网络服务平台次数	0.017	0.007	0.005	0.032	0.019	0.018
自变量						
个人主动性		0.603***	0.568***		0.631***	0.601***
调节变量						
独特性需求		0.019	0.020		0.052*	0.053*
自变量与调节变量交互项						
个人主动性×独特性需求			0.089***			0.077***
F	4.132***	107.179***	107.861***	4.820***	112.960***	110.337***
R^2	0.103	0.782	0.797	0.118	0.791	0.801
调整 R^2	0.078	0.775	0.790	0.094	0.784	0.793

注：* $P<0.05$，** $P<0.01$，*** $P<0.001$。

由表 4-16 可知，模型 3 的调整 R^2 值为 0.769，大于模型 2 的调整 R^2 值 0.754，说明当引入公民美德与独特性需求的交互项后，自变量对满足感的变异解释量增加了 1.5%，且在 $P<0.001$ 的水平上显著，同时，模型 3 中公民美德和独特性需求的交互项对满足感的正向影响显著（$P<0.001$），表明独特性需求显著地正向调节了公民美德和满足感间的关系，本章假设 H15a 得到支

持；模型 6 的调整 R^2 值为 0.791，大于模型 5 的调整 R^2 值 0.781，说明当引入公民美德与独特性需求的交互项后，自变量对积极情感的变异解释量增加了 1%，且在 $P<0.001$ 的水平上显著，同时，模型 3 中公民美德和独特性需求的交互项对积极情感的正向影响显著（$P<0.001$），表明独特性需求显著地正向调节了公民美德和积极情感间的关系，本章假设 H15b 得到支持。

表 4-16　调节效应检验结果 3

变量	满足感			积极情感		
	M1	M2	M3	M4	M5	M6
控制变量						
性别	−0.054	−0.006	−0.002	−0.058	−0.005	−0.002
年龄	−0.127**	0.030	0.030	−0.161***	0.008	0.009
婚姻情况	−0.222*	−0.056	−0.065	−0.231**	−0.053	−0.061
职业	−0.041*	−0.013	−0.012	−0.034	−0.003	−0.003
家庭成员	−0.009	−0.012	−0.008	0.005	0.001	0.005
教育背景	0.026	0.052**	0.047**	−0.005	0.026	0.022
月可支配收入	0.069	−0.032	−0.029	0.111**	−0.002	0.001
使用网络服务平台的类型	−0.021	−0.006	−0.002	−0.036	−0.019	−0.015
使用网络服务平台时间	0.056	0.010	0.017	0.012	−0.037	−0.031
月使用网络服务平台次数	0.017	0.006	0.005	0.032	0.019	0.018
自变量						
公民美德		0.494***	0.464***		0.527***	0.501***
调节变量						
独特性需求		0.038	0.042		0.067**	0.070**
自变量与调节变量交互项						
公民美德×独特性需求			0.080***			0.069***
F	4.132***	95.369***	95.504***	4.820***	111.225***	108.545***
R^2	0.103	0.762	0.777	0.118	0.789	0.798
调整 R^2	0.078	0.754	0.769	0.094	0.781	0.791

注：* $P<0.05$，** $P<0.01$，*** $P<0.001$。

为了更直观地展现独特性需求对服从与满足感和积极情感的调节作用，独特性需求对个人主动性与满足感和积极情感的调节作用，以及独特性需求对公民美德与满足感和积极情感的调节作用，本研究分别绘制了以“高”（均值加一个标准差，M+1SD）和“低”（均值减一个标准差，M-1SD）不同程度的独特性需求对服从与满足感和积极情感的交互效应图、不同程度的独特性需求对个人主动性与满足感和积极情感的交互效应图、不同程度的独特性需求对公民美德与满足感和积极情感的交互效应图，分别如图 4-3～图 4-8 所示。

当消费者独特性需求较高时，服从对其满足感的影响较小，两者之间的关系被较强的独特性需求弱化；当消费者独特性需求较低时，服从对其满足感的影响较大，即服从所引致的消费者对满足感的反应敏感度较大。当消费者独特性需求较高时，服从对其积极情感的影响较小，两者之间的关系被较强的独特性需求弱化；当消费者独特性需求较低时，服从对其积极情感的影响较大，即服从所引致的消费者对积极情感的反应敏感度较大。相对于独特性需求程度较低的消费者，独特性需求程度较高的消费者，个人主动性引发满足感的变化更大；相对于独特性需求程度较低的消费者，独特性需求程度较高的消费者，个人主动性引发消费者积极情感的变化更大。相对于独特性需求程度较低的消费者，独特性需求程度较高的消费者，公民美德引发满足感的变化更大；相对于独特性需求程度较低的消费者，独特性需求程度较高的消费者，公民美德引发消费者积极情感的变化更大。

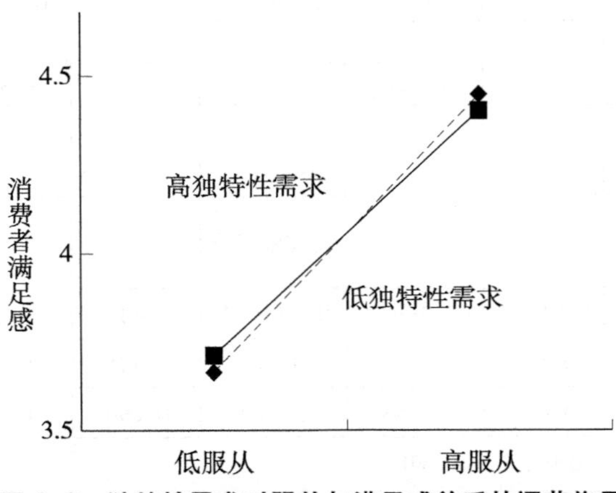

图 4-3　独特性需求对服从与满足感关系的调节作用

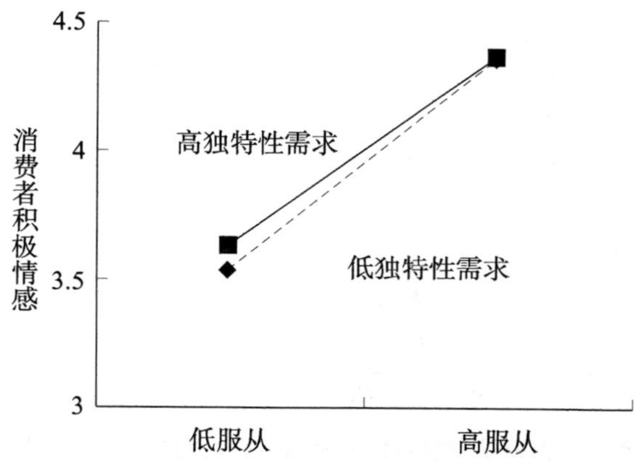

图 4-4 独特性需求对服从与积极情感关系的调节作用

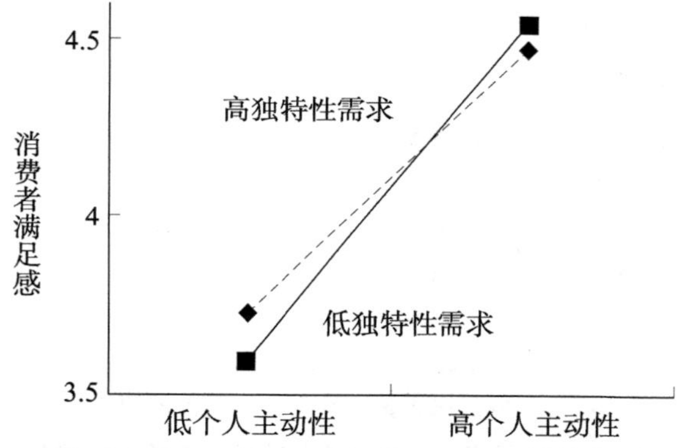

图 4-5 独特性需求对个人主动性与满足感关系的调节作用

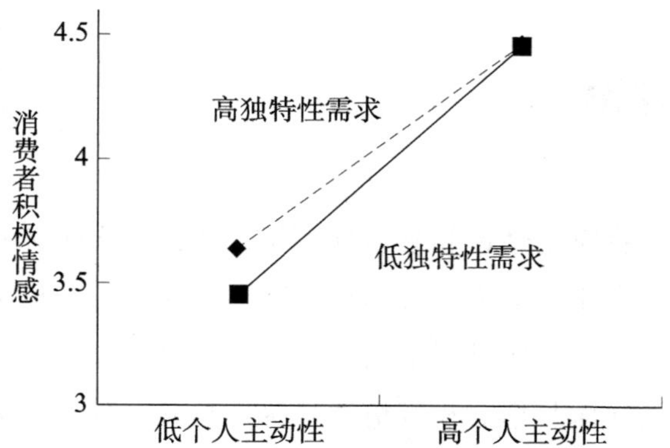

图 4-6 独特性需求对个人主动性与积极情感关系的调节作用

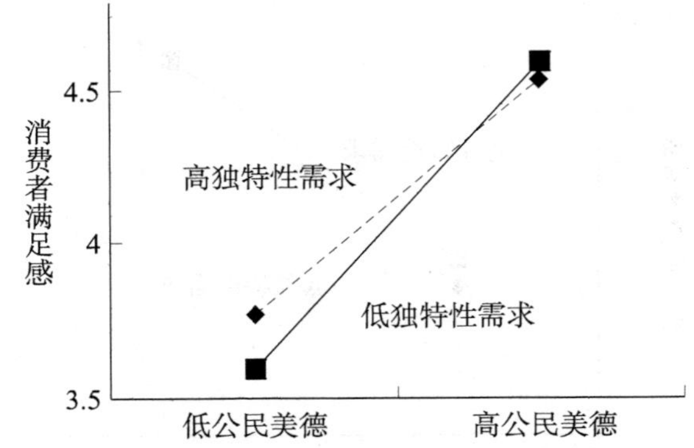

图 4-7 独特性需求对公民美德与满足感关系的调节作用

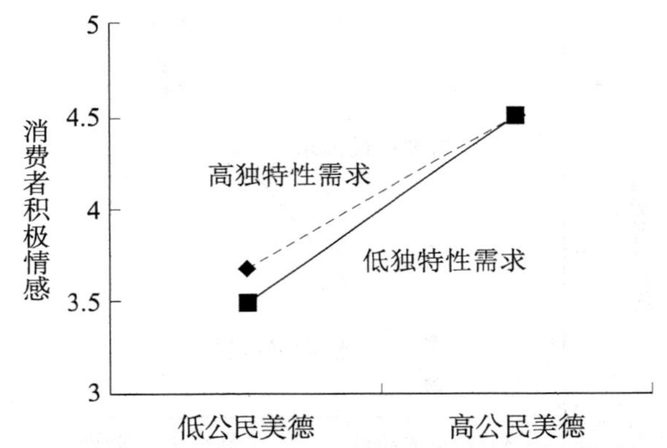

图 4-8 独特性需求对公民美德与积极情感关系的调节作用

4.4 结果讨论

本研究基于自我决定理论和独特性理论，从消费者个体视角，构建了一个以消费者组织社会化三个维度（角色清晰、工作掌握、目标一致）为自变量、合作生产三个维度（服从、个人主动性、公民美德）为中介变量、消费者幸福感两个维度（满足感、积极情感）为因变量、独特性需求为调节变量的理论模型，通过实证检验探讨了消费者组织社会化中的角色清晰、工作掌握、目标一致对满足感和积极情感的作用机制，独特性需求在合作生产中的服从、个人主动性、公民美德与满足感和积极情感关系间的调节效应。以使用网络服务平台参与服务交互的消费者为样本收集数据，对 371 份有效样本进行同源方差检验、信度效度检验、相关分析，并对假设进行逐一检验，检验结果如表 4-17 所示。

表 4-17 假设检验结果

假设	假设内容	检验结果
H1a	角色清晰对满足感有正向影响	支持
H1b	角色清晰对积极情感有正向影响	支持
H2a	工作掌握对满足感有正向影响	支持
H2b	工作掌握对积极情感有正向影响	支持
H3a	目标一致对满足感有正向影响	支持
H3b	目标一致对积极情感有正向影响	支持
H4a	角色清晰对服从有正向影响	支持
H4b	角色清晰对个人主动性有正向影响	支持
H4c	角色清晰对公民美德有正向影响	支持
H5a	工作掌握对服从有正向影响	支持
H5b	工作掌握对个人主动性有正向影响	支持
H5c	工作掌握对公民美德有正向影响	支持
H6a	目标一致对服从有正向影响	支持
H6b	目标一致对个人主动性有正向影响	支持
H6c	目标一致对公民美德有正向影响	支持
H7a	服从对满足感有正向影响	支持
H7b	服从对积极情感有正向影响	支持
H8a	个人主动性对满足感有正向影响	支持
H8b	个人主动性对积极情感有正向影响	支持
H9a	公民美德对满足感有正向影响	支持
H9b	公民美德对积极情感有正向影响	支持
H10a	服从在角色清晰对满足感的影响中起中介作用	支持
H10b	服从在角色清晰对积极情感的影响中起中介作用	支持
H10c	个人主动性在角色清晰对满足感的影响中起中介作用	支持

续 表

假设	假设内容	检验结果
H10d	个人主动性在角色清晰对积极情感的影响中起中介作用	支持
H10e	公民美德在角色清晰对满足感的影响中起中介作用	支持
H10f	公民美德在角色清晰对积极情感的影响中起中介作用	支持
H11a	服从在工作掌握对满足感的影响中起中介作用	支持
H11b	服从在工作掌握对积极情感的影响中起中介作用	支持
H11c	个人主动性在工作掌握对满足感的影响中起中介作用	支持
H11d	个人主动性在工作掌握对积极情感的影响中起中介作用	支持
H11e	公民美德在工作掌握对满足感的影响中起中介作用	支持
H11f	公民美德在工作掌握对积极情感的影响中起中介作用	支持
H12a	服从在目标一致对满足感的影响中起中介作用	支持
H12b	服从在目标一致对积极情感的影响中起中介作用	支持
H12c	个人主动性在目标一致对满足感的影响中起中介作用	支持
H12d	个人主动性在目标一致对积极情感的影响中起中介作用	支持
H12e	公民美德在目标一致对满足感的影响中起中介作用	支持
H12f	公民美德在目标一致对积极情感的影响中起中介作用	支持
H13a	独特性需求对服从与满足感的关系具有调节作用	支持
H13b	独特性需求对服从与积极情感的关系具有调节作用	支持
H14a	独特性需求对个人主动性与满足感的关系具有调节作用	支持
H14b	独特性需求对个人主动性与积极情感的关系具有调节作用	支持
H15a	独特性需求对公民美德与满足感的关系具有调节作用	支持
H15b	独特性需求对公民美德与积极情感的关系具有调节作用	支持

研究结果表明有以下几点。

第一，消费者组织社会化的三个维度（角色清晰、工作掌握、目标一致）对消费者幸福感的两个维度（满足感和积极情感）均具有显著正向影响。当消费者清楚自己在服务生产中的角色，能够按照企业要求完成相应要求，与企业有相同的价值观时，消费者在服务消费过程中将获得满足感和积极情感。

第二，消费者组织社会化的三个维度（角色清晰、工作掌握、目标一致）对合作生产的三个维度（服从、个人主动性、公民美德）具有显著正向影响。

消费者越清楚自己在服务生产中的角色、对工作任务所需的技能越熟练、与企业理念越一致，就越能够按照企业要求并积极主动地完成相应工作。当消费者具备完成工作的能力和信心，并与企业有相同的价值观时，消费者更加愿意服从企业的要求，发挥自己的主观能动性完成服务生产和消费，并愿意为企业提出改进意见，帮助企业进步。

第三，合作生产的三个维度（服从、个人主动性、公民美德）对消费者幸福感的两个维度（满足感、积极情感）均具有显著正向影响，消费者越按照企业的要求完成服务，越在服务产品生产和消费中发挥主观能动性，就越能够提升满足感和积极情感。消费者帮助企业提出改进意见，企业采纳消费者提出的建议和意见改进服务，使服务更加符合消费者意愿，这种从服务企业的利益出发，通过自身积极努力参与价值共创和实现目标会使消费者在服务中获得更多的满足感和积极情感。

第四，服从在消费者组织社会化三个维度（角色清晰、工作掌握、目标一致）与消费者幸福感两个维度（满足感、积极情感）的关系中起中介作用。个人主动性在消费者组织社会化三个维度（角色清晰、工作掌握、目标一致）与消费者幸福感两个维度（满足感、积极情感）的关系中起中介作用。公民美德在消费者组织社会化三个维度（角色清晰、工作掌握、目标一致）与消费者幸福感两个维度（满足感、积极情感）的关系中起中介作用。

第五，独特性需求对服从与满足感和积极情感之间的关系具有调节作用，独特性需求弱化了服从与满足感和积极情感的关系，独特性需求程度越高，服从与满足感和积极情感间的关系越弱。独特性需求对个人主动性与满足感和积极情感之间具有调节作用，独特性需求强化了个人主动性与满足感和积极情感的关系。独特性需求程度越高，个人主动性对满足感和积极情感的作用越强。独特性需求在公民美德与满足感和积极情感之间具有调节作用。独特性需求强化了公民美德与满足感和积极情感的关系。独特性需求越强，公民美德对满足感和积极情感的作用越强。

5 个人关系对消费者幸福感的影响

本章从服务实体与消费者实体情感视角出发，以社会支持理论、马斯洛需求层次理论为基础，探讨服务人员与消费者的个人关系对消费者幸福感的影响，分析自我效能感在个人关系对消费者幸福感影响中的中介作用，以及社会比较倾向的差异在自我效能感对消费者幸福感影响中的调节作用。

5.1 研究假设

社会支持是保护人们免受压力事件不良影响的有益人际交往，是个体对其人际关系密切程度及质量的一种认知评价，是人们适应各种人际环境的重要影响因素。社会支持在多数情形下是一种社会交换，是人与人之间的一种社会互动关系。在交互频繁的服务行业中，服务人员与消费者较频繁的交流和互动形成的个人关系是社会支持的一种重要体现。个人关系指通过人与人之间的联系或人际交往形成的对关系各方都有影响的一种联系。个人关系主要包括人情、面子和感情三个维度，其中，人情指亏欠他人的恩惠以及为回报对方而采取的行动；面子指获得社会尊重和他人认可的形象；感情是情感承诺水平和双方的亲密程度，是在长期且亲密的社会纽带中形成的心理承诺，是通过将对方当成朋友来分享内在情感、给予个人的关心。依据社会支持理论，社会支持对个体的幸福感具有持续的影响作用，因此，服务人员与消费者之间良好的个人关系可以给消费者带来利益和满足。

自我效能感是个体对自己有能力应对挑战或陌生情境的总体信心，是对自己有能力达到预期目标和成就的信念，是对自我能力的评价。社会支持对幸福感的影响可能源于其带给个体对生活的可预期感和稳定感以及对自我的认同感。对生活的可预期感和稳定感是自我效能感的重要表现，对自身价值的认同表现为对自我的积极评价。现有研究表明，社会支持会直接影响自我效能感，自我效能感是幸福感的重要决定因素和近因。因此，消费者和服务人员之间的个人关系对消费者幸福感的影响可能通过自我效能感发挥作用。

社会比较倾向是社会个体将自己的成就、处境和经历与他人进行比较的倾向，反映对他人语言、行为举止的注意程度及参照程度。与自我概念相关的因素和社会比较倾向在预测个体幸福感时存在交互作用。自我效能感是自我概念相关的因素，现有研究发现，当大学生具有较低的社会比较倾向时，其自我效能感对幸福感的促进作用更强。因此，社会比较倾向可能在自我效能感对消费者幸福感影响中起调节作用。

基于上述分析，建立如图 5-1 所示的概念模型。个人关系中的人情、面子、感情对消费者幸福感中的满足感和积极情感有直接影响；个人关系中的人情、面子、感情通过自我效能感对满足感和积极情感产生间接影响；消费者社会比较倾向调节自我效能感对满足感和积极情感的影响。

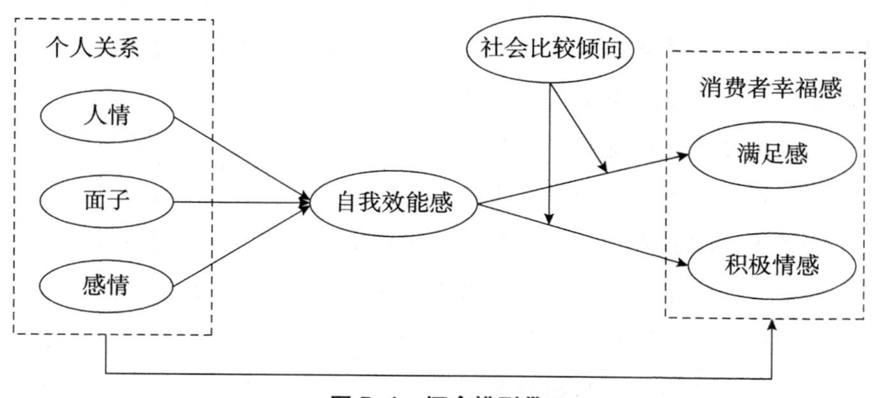

图 5-1　概念模型Ⅲ

5.1.1　个人关系与消费者幸福感

社会支持理论认为，社会支持是对抗外界环境压力和挑战的重要资源。个人所拥有的资源又可以分为个人资源和社会资源。其中，个人资源反映个人的自我功能和对环境的应对能力；社会资源是社会网络中的广度和网络中的个体或群体所能提供的社会支持的程度。个人关系属于社会资源，是社会支持的重要体现。Cohen 和 Wills 根据社会支持主效应模型指出，社会支持对个体幸福感有持续的影响，这种影响不会随着个体在环境中压力水平的变化而改变。社会支持水平高的个体更容易感受到被理解和尊重，并在社会交往中保持相对稳定的情绪状态。同时，社会支持也有缓解负性生活事件带来的冲击、疏解个体心理问题等作用。因此，社会支持可以提高个体幸福感。现有实证研究也表明，社会支持对不同群体的个体幸福感均有正向影响作用。尽管现有研究对服务消费背景下服务人员和消费者之间的个人关系对消费者幸福感的影响关注较少，但服务消费中的个人关系仍然是社会支持的一个重要来源。

5.1.1.1 人情对消费者幸福感的影响

人情指亏欠他人的恩惠以及为回报对方而采取的行动。根据马斯洛需求层次理论，人有社交需求。消费者在服务消费过程中，既希望获得功能方面利益，也希望获得社交方面利益，人情关系可以满足消费者的社会交往需要，从而增加消费者利益。根据社会支持理论，消费者与服务人员间的人情促进了其情感支持和工具性支持，而社会支持对个体幸福感有持续的影响。亏欠的一方所进行的回报可能会成为未来获得的潜在收益，使社会支持增强。此外，与服务人员间的情感支持有助于构建和维持顾客忠诚，重复光顾的老顾客在服务流程、服务技能、服务经验等多方面都优于与服务人员“人情差”的新顾客，因此，“人情好”的老顾客能更好地与服务人员进行互动和交流，获得更有效的服务解决方案和服务结果。满意的服务质量和服务体验是消费者幸福感的重要影响因素。根据马斯洛需求层次理论，消费者与服务人员之间的人情满足了消费者社交需求，从而使其产生满足感。同时，由于在服务中得到了超出服务产品本身的社会交往利益，也会使消费者产生喜悦和高兴之感。

当消费者与服务人员之间有良好的人情时，消费者相信服务人员不会做出不利于自己的行为，会对企业和服务人员产生信任和尊重，使对方成为自己的一种社会资源。当需要购买服务时，消费者会第一时间选择该企业，认为企业是值得信赖的，是可以满足自己需求的合适资源。这种有限性购买决策提升了消费者的决策效率，让消费者感到满足和舒心。在进入服务消费环节时，当消费者接受了服务人员额外的服务和帮助，消费者会觉得自己受到了尊重和重视，对提供的服务感到物超所值，因此，对此次服务更加满意甚至产生惊喜。当服务人员欠消费者人情时，消费者增加了获取收益的社会资源，获得了社会支持。根据社会支持理论，社会支持对个体的幸福感有持续的影响，使个体更容易感知到被理解和尊重，从而产生愉快、超值等积极情感，甚至可能会因为希望得到社会性利益和情感支持而选择到自己比较熟悉的服务提供者那儿购买产品和服务。综上，提出如下假设：

H1a：人情对满足感有正向影响。

H1b：人情对积极情感有正向影响。

5.1.1.2 面子对消费者幸福感的影响

“爱面子”是中国人典型的心理特征。面子指获得社会尊重和他人认可的形象，满足消费者被尊重的需要。消费者与服务人员个人关系良好，消费者在服务人员那里会获得面子。获得的面子会促使消费者产生对服务人员的感激心理和积极情感，如兴奋、高兴等。感激心理会使消费者对服务人员提供的服务更加宽容，更容易产生满意和满足感。由于得到了面子，消费者的积极情感也会随之提升。例如，消费者在饭店就餐时，与其他消费者相比，获得了饭店或服务人员额外赠送的果盘等菜品，这就使消费者感觉从饭店或服务人员那里获得了面子，从而满足消费者被尊重的需要。此时，消费者更倾向于认可其获得的服务过程，甚至当服务过程中出现一些失误时仍然愿意原谅服务人员，对服务产品的接受程度也会更高，认为服务产品能够满足其情感需要，对其服务产生满意和满足感。由于消费者从服务人员那里获得面子，消费者会感知自己受到了更多的尊重和重视，更容易产生愉快、开心等积极情感。综上，提出如下假设：

H2a：面子对满足感有正向影响。

H2b：面子对积极情感有正向影响。

5.1.1.3 感情对消费者幸福感的影响

感情指在长期且亲密的社会纽带中形成的心理承诺。个人关系可以满足经济安全需要。在存在服务失败风险的情况下，如果消费者与服务人员之间有感情，消费者会愿意体谅服务人员。例如，当消费者理发失败时，由于与理发师的感情好，消费者会主动为此次理发效果不佳寻找借口，积极寻找补救措施，而不是进行投诉等极端行为。同时，服务人员也会保障消费者的权益，当理发失败时，理发师会主动提出免单或免费进行补救措施，尽量让消费者满意，减少消费者损失。因此，感情可以满足消费者经济安全需要，使消费者感到知足，提升消费者的满足感。消费者和服务人员存在感情因素，说明双方人际交往良好，使消费者具有归属感，满足消费者社会交往需要。例如，消费者提到"我和我的理发师关系特别好，每次去我都会给他带点吃的东西。我在烫头时，他也会给我买水喝。要是赶上吃饭的时间，我们俩就会一起出去吃饭，他请我一次，我请他一次。我们的爱好也差不多，都喜欢玩电子产品和养鱼，所以也就经常在一起讨论这些话题。关系好也就不会去其他理发店或者理发师那里理发，五年来一直在他那理发"。这种感情让消费者有归属感，消费者在消费过程中感觉到更轻松自在，从而使消费者获得愉快、轻松、享受等积极情感。综上所述，在服务消费过程中，感情能满足消费者的安全需求和社交需求，提升满足感和积极情感。由此，提出假设：

H3a：感情对满足感有正向影响。

H3b：感情对积极情感有正向影响。

5.1.2 个人关系与自我效能感

依据社会支持理论，社会支持可以提升消费者对自身的认同，提升自我效能感。自我效能感是个体对自己能够面对周围环境和挑战的总体信心，是对自己有能力达到预期目标和成就的信念，是个体的一种自我评价，也是个体对环境控制感的一种体现。实证研究表明，社会支持会直接影响自我效能感。由于社会支持是人与人之间的一种社会互动关系，个人关系本身就是一种社会互动关系，是社会支持的重要体现。良好的社会互动关系可以增强消费者的社会融合价值体验，降低对消费的感知风险，因此，推断个人关系可能对自我效能感有影响作用。

5.1.2.1 人情对自我效能感的影响

人有社交需求。在服务消费领域，特别是服务人员与消费者接触较为频繁的健身、培训等服务领域，消费者在服务消费过程中，既希望获得功能方面利益，也希望获得社交方面利益，以满足自身的需要。人情是彼此之间互相帮助，产生亏欠，并在日后进行回报的一种心理情感和行为。人情关系能让双方觉得彼此被需要，满足消费者的社会交往需要。

在服务消费过程中，当消费者接受了服务人员额外的服务和帮助时，消费者会感觉此次服务物超所值，服务人员付出了多于其本职工作要求的努力，欠了服务人员人情，同时，感到被尊重和重视，认为自己有能力和价值才会受到优待，提升了对自己的评价。当服务人员欠消费者人情时，消费者也会因为感觉到自己有能力提供给对方帮助而自豪，提升对自己的评价。由此，提出假设：

H4a：人情对自我效能感有正向影响。

5.1.2.2 面子对自我效能感的影响

面子是中国文化积淀下的产物，是个体在社会交往过程中崇尚的正向社会价值，是经他人所获得的社会尊严，是个体渴望呈现在外的一种公众形象或内在自我形象。面子代表了一种社会认同和尊重，体现了个体与社会的关系以及个体自身重要性和自尊价值。

当服务人员给消费者面子时，消费者会感到自己被尊重，认为自己具有一定的重要性才能够获得这种尊重，因此，会提升对自己的评价，即增加自我效能感。例如，在饭店就餐后，消费者叫来服务员结账，拿出会员卡说能打 7 折，但服务人员查实后会员卡仅能打 8 折，此时，服务人员经过申请后给消费者打了 7 折，并对消费者进行说明。此时，消费者会认为饭店及服务人员给自己留了面子，受到了饭店及服务人员的重视，说明自己对饭店而言具有一定的重要性，产生优越感，提升对自身的评价。由此，提出假设：

H4b：面子对自我效能感有正向影响。

5.1.2.3 感情对自我效能感的影响

现有研究表明，对周围人的依恋程度与其自我效能感显著正相关。感情是在长期且亲密的社会纽带中形成的心理承诺，是个体依恋程度的一种反映。消费者与服务人员之间的个人感情好，双方会愿意给对方提供便利，为对方着想。根据社会支持理论，在人际交往过程中，拥有良好的个人感情被认为拥有更高效的社交技巧与能力，体验到较少的社交压力，提升消费者的归属感和安全感，使消费者认为自己对环境的控制感更强，更值得被尊重。

当服务人员与消费者之间有良好的感情时，服务人员会从消费者的视角出发，设身处地为消费者着想，为消费者提供更为便利和适合的服务。例如，在瘦身服务中，当消费者缺少毅力难以坚持瘦身计划时，拥有良好感情的瘦身顾问会愿意额外增加自己的工作量，在工作时间范围之外对消费者进行指导。此时，消费者受到了超出基本服务的优待，产生归属感和安全感，感到自己对外部环境和内部情绪的变化更有掌控感，进而提升对自我的评价。由此，提出假设：

H4c：感情对自我效能感有正向影响。

5.1.3 自我效能感与消费者幸福感

在人力资源领域的研究已经证实，自我效能感会对幸福感产生积极影响。理论界普遍认为，幸福感是个体对自身是否幸福的一种主观性评价和情感性体验，个体主观因素对主观幸福感有重要作用。自我效能感高的人，拥有更强的自信心，这种自信心有利于个体产生积极情感，并提高其幸福感。因此，自我效能感高的人比自我效能感低的人体验到更多的幸福感。

由于自我效能感是个体对自己能否成功进行某一行为的主观判断，当消费者对自己的能力认可，认为自己能够完成目标时，就会对自身产生正向评价，从而形成满足感。自我效能感高的个体比自我效能感低的个体的主观幸福感水平更高，抑郁和焦虑的情绪发生率更低，对生活的满意度更高。由此可见，自我效能感是影响主观幸福感的重要变量。自我效能感对个人的心理健康和生活满足有积极影响。当个体的自我效能感高时，会对自己充满信心，产生较强的积极情感。实证研究表明，军校研究生的自我效能感与正向情感、负向情感以及总体幸福感存在显著的相关关系；自我效能感对大学生幸福感有正向影响。消费者幸福感是消费者在产品或服务消费过程中产生的满足感和积极情感，是对服务消费的主观性评价和情感性反映。综上，提出如下假设：

H5a：自我效能感对满足感有正向影响。

H5b：自我效能感对积极情感有正向影响。

5.1.4 自我效能感的中介作用

人有社会交往的需要，人们需要沟通并建立归属感。这些需要的满足建立在与他人友好和谐的基础上。个体通过维持和谐的人际关系来获得信任感和归属感。良好的社会关系有利于个体调节人际关系和满足情感需要，并对生活感到幸福和满意。

作为社会支持的重要体现，个人关系可通过提高个体的自我效能感影响其情绪、行为及行为效果等方面。与此同时，自我效能感是幸福感的重要前因，自我效能感高的个体具有更高水平的幸福感。实证研究表明，个人关系不仅直接影响自我效能感，而且通过自我效能感为个体带来个人成长、获得希望等积极效应。因此，个人关系对幸福感的影响可能通过自我效能感发挥作用。

在服务消费领域，消费者与服务人员之间的个人关系对消费者而言是一种社会支持，因此，服务人员与消费者之间的个人关系可能通过自我效能感对消费者幸福感起作用。当服务人员与消费者之间拥有良好的人情时，在服务交互中相互帮忙，产生需要回报对方的情感。对于消费者而言，在消费的同时收获了社会资源，提升了自我认知，会对服务消费感到知足和满意，形成对服务消费的满足感，并产生愉快、享受、开心等积极情感。当服务人员给消费者面子时，由于消费者受到了尊重和重视，获得了面子，会增强对自己的评价。服务人员给消费者面子是在满足消费者的尊重需要，这也会提升消费者的满足感，使消费者产生积极情感。当服务人员和消费者拥有良好的感情，互相为对方着想时，增加了消费者的社会资源，满足了消费者的社会交往需要。服务人员与消费者拥有良好的感情，会在服务中给予消费者更多的照顾，尽可能使其获得更多的利益，从而使消费者获得更高的自我效能感。前已述及，自我效能感会促进消费者产生满足感和积极情感。综上，提出如下假设：

H6a：自我效能感在人情对满足感的影响中起中介作用。

H6b：自我效能感在人情对积极情感的影响中起中介作用。

H6c：自我效能感在面子对满足感的影响中起中介作用。

H6d：自我效能感在面子对积极情感的影响中起中介作用。

H6e：自我效能感在感情对满足感的影响中起中介作用。

H6f：自我效能感在感情对积极情感的影响中起中介作用。

5.1.5 社会比较倾向的调节作用

社会比较是将自己的处境和地位（包括能力、价值观和身体健康状况等）与他人进行比较，是个体合理的自我评价、自我改善和自我增强的基础。社会比较倾向是个体将自己的成就、处境和经历与他人进行比较的倾向，反映对他人言行举止的注意程度及参照程度。社会比较倾向不同的个体在与他人进行比较的频率和效应上存在差异。相对于低社会比较倾向的个体，高社会比较倾向的个体与他人进行比较更频繁，对社会比较的消极反应更敏感。现有研究指出，高社会比较倾向的个体在与他人比较后，对表现出较差的自我感知和较低水平自尊的反应更敏感。

自我效能感是个体应对环境与挑战的信心和达到预期目标的信念，当个体对自己的能力认可并认为能够完成目标时，会对自身产生正向评价，提升其自我感知和自尊水平，进而形成满足感和积极情感。对于高社会比较倾向的消费者，由于其对社会比较产生的消极反应的敏感程度较高，自我效能感对满足感和积极情感的效应受到较大抑制，两者间关系较弱；对于低社会比较倾向的消费者，由于其对社会比较产生的消极反应的敏感程度较低，自我效能感对满足感和积极情感的效应受到较小抑制，两者间关系较强。综上，提出如下假设：

H7a：社会比较倾向对自我效能感与满足感的关系有调节作用。社会比较倾向越高，自我效能感与满足感的关系越弱。

H7b：社会比较倾向对自我效能感与积极情感的关系有调节作用。社会比较倾向越高，自我效能感与积极情感的关系越弱。

5.2 研究设计

5.2.1 变量测量

本研究涉及的变量包括个人关系、自我效能感、消费者幸福感和社会比较倾向 4 个变量，以及人口统计学特征和消费者接受服务情况等控制变量。研究中的个人关系、消费者幸福感和社会比较倾向 3 个变量采用李克特 5 级量表，从“1”到“5”表示从“非常不同意”到“非常同意”。自我效能感采用李克特 4 级量表，从“1”到“4”表示从“完全不正确”到“完全正确”。

为确保量表的内容效度，在初始量表选取上，本研究选用国内外相关研究中比较成熟的量表对模型中的变量进行测量，并设计了被试者自行填答的调研问卷。邀请 2 名管理学院副教授、2 名企业管理专业博士对原始英文量表、中文译文量表、回译英文量表进行审读和修订，调整量表题项中容易产生歧义、语义表达不清晰、翻译生硬的题项。对于中文量表，本研究邀请 2 名管理学院副教授对量表题项进行审定，初步形成本研究的调研问卷。选取 60 个样本对问卷进行预测试，根据测试结果再次调整部分语义不清晰的题项，并在企业管理专业教授的审定之下形成正式的调研问卷。

调研问卷结构包括标题、调研说明、问卷填写背景引导语、测量题项和结束语。其中，调研说明通过介绍调研目的和动机等来消除被试者顾虑。问卷填写背景引导语通过引导被试者回忆服务消费经历，为被试者更准确地回忆其受到的服务体验和与服务人员之间的个人关系奠定基础，提升样本的有效性。问卷内容主要包括以下三个部分。①消费者服务消费经历情况调研，包括消费者接受服务的类型、每月接受服务的次数，用于考察被试者接受的服务的基本情况。②本研究涉及的研究变量的测量，包括个人关系（人情、面子和感情三个维度）、自我效能感、消费者幸福感（满足感、积极情感两个维度）、社会比较倾向变量的测量题项，考察被试者对各变量的感知情况。③被试者的人口统计学特征变量的测量，包括性别、年龄、教育背景、职业、月可支配收入等，考察被试者的个人基本情况。具体问卷详见附录 3。本研究的主要变量测量题项及来源如表 5-1 所示。

表 5-1　　测量题项及来源

<table>
<tr><th colspan="2">变量</th><th>编号</th><th>题项</th><th>来源</th></tr>
<tr><td rowspan="9">个人关系</td><td rowspan="2">人情（RQ）</td><td>RQ1</td><td>如果服务人员以前帮我的忙，我也会帮他的忙</td><td rowspan="9">Lee 等和 Leung</td></tr>
<tr><td>RQ2</td><td>如果我以前帮服务人员的忙，他也会帮我的忙</td></tr>
<tr><td rowspan="3">面子（MZ）</td><td>MZ1</td><td>我和服务人员都很在乎面子</td></tr>
<tr><td>MZ2</td><td>我获得的尊重越多，越有面子</td></tr>
<tr><td>MZ3</td><td>我给服务人员面子，他也给我面子</td></tr>
<tr><td rowspan="4">感情（GQ）</td><td>GQ1</td><td>服务人员有时给我一些纪念品</td></tr>
<tr><td>GQ2</td><td>当有促销等活动时，他给我们感谢卡片</td></tr>
<tr><td>GQ3</td><td>他是我的好朋友，我们彼此真心为对方着想</td></tr>
<tr><td>GQ4</td><td>我喜欢这位服务人员，他也喜欢我</td></tr>
<tr><td colspan="2" rowspan="6">自我效能感（SE）</td><td>SE1</td><td>遇到问题时，我总是能尽力去做，总能够解决</td><td rowspan="6">Zhang 和 Schwarzer</td></tr>
<tr><td>SE2</td><td>面对别人的反对，我仍有办法得到我想要的结果</td></tr>
<tr><td>SE3</td><td>我认为达成理想目标并不难</td></tr>
<tr><td>SE4</td><td>我相信自己能够有效地应对各种突然到来的事</td></tr>
<tr><td>SE5</td><td>凭我的能力，我能够应付意外情况</td></tr>
<tr><td>SE6</td><td>如果我付出必要的努力，我就能解决大部分遇到的难题</td></tr>
</table>

续　表

变量		编号	题项	来源
自我效能感（SE）		SE7	我相信自己处理问题的能力，因此面对困难我能保持冷静	Zhang 和 Schwarzer
		SE8	当生活中遇到困难，我经常能找到不止一个解决办法	
		SE9	遇到麻烦的问题时，我相信自己能够找到症结所在并加以解决	
		SE10	不管遇到什么事，我都能应付	
消费者幸福感	满足感（CS）	CS1	这次消费让我能买到自己喜欢的服务	张跃先等
		CS2	这次服务消费让我感到知足	
		CS3	服务消费过程中感觉自己受到尊重和重视	
		CS4	这次服务消费让我感到超值	
		CS5	这次服务消费让我感到满意	
		CS6	这次服务消费让我感到满足	
	积极情感（PA）	PA1	这次服务消费让我感到愉快	
		PA2	这次服务消费让我感到惊喜	
		PA3	这次服务消费让我感到轻松	
		PA4	这次服务消费让我感到开心	
		PA5	这次服务消费让我感到享受	
社会比较倾向（SC）		SC1	我常常把自己所爱的人（男朋友或女朋友、家庭成员等）与他人进行比较	王明姬等
		SC2	我总是非常关注自己与他人做事方式的区别	
		SC3	如果我想知道我做得如何，我就把自己做的和其他人做的进行比较	
		SC4	我常常就社交（社交技能、受欢迎程度）与其他人进行比较	
		SC5	我经常和他人比较	
		SC6	我常常将发生在自己身上的事与其他人比较	
		SC7	我常常和他人谈论想到的观点和经验	
		SC8	我常常试图发现当别人面临和我相似的问题时，他会想什么	

续 表

变量	编号	题项	来源
社会比较倾向（SC）	SC9	总是想知道相似的情境下别人会怎么做	王明姬等
	SC10	如果我想获悉更多关于某事的信息，我会试图找出其他人对此的想法	
	SC11	我经常将自己生活中的处境与他人比较	

个人关系主要参考 Lee 等和 Leung 的测量量表。该量表由人情、面子、感情三个维度构成，包括“如果服务人员以前帮我的忙，我也会帮他的忙”“我和服务人员都很在乎面子”“服务人员有时给我一些纪念品”等 9 个题项。此量表研究情境和文化背景都与本研究有相似之处，因此，选用此量表对个人关系进行测量。

自我效能感主要参考一般自我效能感量表（General Self-Efficacy Scale，简称 GSES）进行测量。该量表最初由 Schwarzer 教授及其同事于 1981 年编制完成，中文版由 Zhang 和 Schwarzer 于 1995 年进行了修订与验证工作，并进行了跨文化比较研究。研究证明该量表具有较高的信度和效度，包括“遇到问题时，我总是能尽力去做，总能够解决”等 10 个题项。特别说明的是，李克特量表包括 2 级、3 级、4 级、5 级、6 级和 7 级等多种不同的等级形式。本研究借鉴以往自我效能感相关研究，采用李克特 4 级量表形式，按 1~4 级评分，总分的理论范围是 10~40 分，总分越高，表明一般自我效能感越高。

消费者幸福感的测量与第 3 章中对消费者幸福感的操作方法一致，包括满足感和积极情感两个维度，共 11 个题项。

社会比较倾向主要参考王明姬等修订的 Gibbon 和 Buunk 编制的社会比较倾向量表进行测量，包括“我常常把自己所爱的人（男朋友或女朋友、家庭成员等）与他人进行比较”等 11 个题项。

5.2.2 样本选取与数据收集

Chase 将服务分为高接触度服务、中接触度服务和低接触度服务。其中，高接触度服务指消费者在服务推广过程中参与全部或大部分的服务；

中接触度服务指消费者部分或者局部参与服务过程的服务；低接触度服务指消费者很少参与服务过程的服务。个人关系的建立需要较长时间、较为密切的接触，在高接触度服务行业体现更为明显。近年来，随着人民生活水平的不断提升，物质条件和生活水平有较大程度的改善，但与此同时，人们对饮食、网络、烟草等消费呈现过度消费、报复性消费趋势，这种不良消费习惯给人们的身体健康带来较多负面影响。在人们健康意识不断增强的社会背景下，人们对瘦身和健身的需求越来越旺盛。同时，随着人们生活水平的提升和社会竞争的增强，人们对跆拳道、英语培训等技能的需求也与日俱增，有越来越多的商家加入到相关服务行业中。因此，本研究选取高接触度服务行业中的瘦身咨询、健身、跆拳道培训、英语培训等服务作为研究背景。

采用现场发放和收集问卷的调研方式，通过向减肥瘦身机构、健身机构、跆拳道馆以及英语培训学校会员提供物质奖励的方式，征求会员的同意填写调查问卷。共发放问卷 400 份，回收问卷 389 份，剔除填答不认真、有漏项或答案雷同的无效问卷 65 份，最终得到有效问卷 324 份，有效率问卷回收率为 83.3%。为了检查可能存在的无应答偏差，按照 Armstrong 和 Overton 的方法，将调查问卷按照回答时间先后分为两组，每组 162 份，并利用统计方法对比两组问卷在人口统计学特征变量和各测量变量之间的差异，结果表明两组调查问卷在相关变量上差异不显著，因此，没有证据表明本次调查存在无应答偏差。

对调查样本进行描述性统计分析，样本基本情况如表 5-2 所示。样本中，男女比例差距不大；年龄主要集中在 18~35 岁，占 73.8%；在教育背景上，大专以下学历和大专及以上学历占比基本持平，分别占 50.9%和 49.1%；在职业上，以企业职员为主，占 42.6%。月可支配收入在 3000~9999 元之间的样本占 85.2%；在接受的服务类型方面，10 人以内小班英语培训、健身、跆拳道培训比例接近，分别为 35.3%、26.2%、22.5%；月接受服务频次为 2~9 次的占 72.3%。

表 5-2　　样本基本情况

变量	类型	频次	百分比
性别	男性	149	46.0%
	女性	175	54.0%
年龄	18 岁以下	33	10.2%
	18~25 岁	135	41.7%
	26~35 岁	104	32.1%
	36~45 岁	40	12.3%
	46 岁及以上	12	3.7%
教育背景	大专以下	165	50.9%
	大专	45	13.9%
	本科	78	24.1%
	研究生及以上	36	11.1%
职业	公务员/事业单位职工	43	13.3%
	企业职员	138	42.6%
	个体经营者	35	10.8%
	自由职业者	31	9.6%
	学生	53	16.4%
	其他	24	7.4%
月可支配收入	3000 元以下	43	13.3%
	3000~4999 元	115	35.5%
	5000~7999 元	96	29.6%
	8000~9999 元	65	20.1%
	10000 元及以上	5	1.5%
服务类型	瘦身咨询	40	12.3%
	健身	85	26.2%
	跆拳道培训	73	22.5%
	英语培训	114	35.2%
	其他	12	3.7%

续 表

变量	类型	频次	百分比
每月接受服务次数	仅 1 次	25	7.7%
	2~5 次	145	44.8%
	6~9 次	89	27.5%
	10 次及以上	65	20.1%

5.3 数据分析

5.3.1 同源方差检验

虽然采用了匿名填写等方式对问卷调查进行程序控制，但由于本研究中的每份问卷均由同一名被试者在相同的时间填答完成，并且采用相同的调查工具，可能会产生同源方差问题，因此，需要对同源方差进行检验。采用程序控制和统计控制两种方法对同源方差进行控制。其中，在程序控制方面，采取自愿填写、匿名填写、平衡题项顺序等方法，这些方法可以在一定程度上降低同源方差对研究结果的影响。在统计控制方面，采用 Harman 单因素检验法对同源方差进行统计控制，运用 SPSS22.0 数据分析软件对问卷中的所有测量题项进行主成分因子分析，在未旋转情况下，得到的第一主成分为 36%，小于临界值 50%的判断指标。表明第一主成分没有解释大部分变量，同源方差不严重，可以接受。

5.3.2 信度与效度检验

5.3.2.1 信度检验

结合 Cronbach's α 系数和 CR 值检验测量指标的信度，以确保测量的严谨性和科学性。本研究采用 SPSS22.0 数据分析软件进行可靠性分析，计算各测量量表的 Cronbach's α 值；采用 AMOS21.0 结构方程建模软件进行验证因子分析，根据得出的标准化因子载荷计算各测量量表的 CR 值，信度分析结果如表 5-3 所示。

表 5-3 信度分析结果

变量	编号	题项数	Cronbach's α 值	CR 值
人情	RQ	2	0.841	0.837
面子	MZ	3	0.913	0.910
感情	GQ	4	0.922	0.935
自我效能感	SE	10	0.961	0.961
满足感	CS	6	0.935	0.946
积极情感	PA	5	0.854	0.888
社会比较倾向	SC	11	0.930	0.948

由表 5-3 可以看出，各变量的 Cronbach's α 值在 0.841～0.961，均高于 0.7，表明量表有较高的内部一致性。根据验证性因子分析的载荷系数计算出各变量的 CR 值在 0.837～0.961，均高于 0.5，表明量表有较好的可靠性和稳定性。

5.3.2.2 效度检验

效度检验主要包括内容效度和建构效度，其中，建构效度包括收敛效度和区别效度。

①所选取的量表均为现有文献中经过实证检验具有良好信度和效度的成熟量表，通过翻译-回译结合本研究的研究背景和研究目的进行适当语义调整，企业管理专业研究者审定，以及对 60 个样本进行预测试，可以认为本研究的量表在一定程度上涵盖了所要测量的构念，且语义清晰、准确、精练，具有较好的内容效度。

②采用 AMOS21.0 结构方程建模软件构建结构方程模型，进行验证性因子分析，检验量表的收敛效度。各变量测量模型拟合指标结果如表 5-4 所示。

由表 5-4 可以看出，$\chi^2/df = 1.934$，小于 5.0；CFI = 0.931，IFI = 0.925，

TLI＝0.956，GFI＝0.953，均大于 0.9；RMSEA＝0.054，小于 0.08。这表明测量模型达到了较好的拟合水平。各变量收敛效度检验结果如表 5-5 所示。

表 5-4 测量模型拟合指标结果

	χ^2/df	CFI	IFI	TLI	GFI	RMSEA
模型	1.934	0.931	0.925	0.956	0.953	0.054
标准	<5.0	>0.9	>0.9	>0.9	>0.9	<0.08

表 5-5 收敛效度检验结果

<table>
<tr><th>变量</th><th>编号</th><th>题项</th><th>标准化
因子载荷</th><th>AVE</th></tr>
<tr><td rowspan="2">人情
（RQ）</td><td>RQ1</td><td>如果服务人员以前帮我忙，我也会帮他的忙</td><td>0.854</td><td rowspan="2">0.720</td></tr>
<tr><td>RQ2</td><td>如果我以前帮服务人员忙，他也会帮我忙</td><td>0.843</td></tr>
<tr><td rowspan="3">面子
（MZ）</td><td>MZ1</td><td>我和服务人员都很在乎面子</td><td>0.866</td><td rowspan="3">0.770</td></tr>
<tr><td>MZ2</td><td>我获得的尊重越多，越有面子</td><td>0.892</td></tr>
<tr><td>MZ3</td><td>我给服务人员面子，他也给我面子</td><td>0.875</td></tr>
<tr><td rowspan="4">感情
（GQ）</td><td>GQ1</td><td>服务人员有时给我一些纪念品</td><td>0.856</td><td rowspan="4">0.783</td></tr>
<tr><td>GQ2</td><td>当有促销等活动时，他给我们感谢卡片</td><td>0.876</td></tr>
<tr><td>GQ3</td><td>他是我的好朋友，我们彼此真心为对方着想</td><td>0.912</td></tr>
<tr><td>GQ4</td><td>我喜欢这位服务人员，他也喜欢我</td><td>0.895</td></tr>
<tr><td rowspan="10">自我效
能感
（SE）</td><td>SE1</td><td>遇到问题时，我总是能尽力去做，总能够解决</td><td>0.883</td><td rowspan="10">0.716</td></tr>
<tr><td>SE2</td><td>面对别人的反对，我仍有办法得到我想要的结果</td><td>0.874</td></tr>
<tr><td>SE3</td><td>我认为达成理想目标并不难</td><td>0.885</td></tr>
<tr><td>SE4</td><td>我相信自己能够有效地应对各种突然到来的事</td><td>0.778</td></tr>
<tr><td>SE5</td><td>凭我的能力，我能够应付意外情况</td><td>0.787</td></tr>
<tr><td>SE6</td><td>如果我付出必要的努力，我就能解决大部分遇到的难题</td><td>0.875</td></tr>
<tr><td>SE7</td><td>我相信自己处理问题的能力，因此面对困难我能保持冷静</td><td>0.854</td></tr>
<tr><td>SE8</td><td>当生活中遇到困难，我经常能找到不止一个解决办法</td><td>0.797</td></tr>
<tr><td>SE9</td><td>遇到麻烦的问题时，我相信自己能够找到症结所在并加以解决</td><td>0.832</td></tr>
<tr><td>SE10</td><td>不管遇到什么事，我都能应付</td><td>0.889</td></tr>
</table>

续 表

变量	编号	题项	标准化因子载荷	AVE
满足感（CS）	CS1	这次消费让我能买到自己喜欢的服务	0.875	0.746
	CS2	这次服务消费让我感到知足	0.878	
	CS3	服务消费过程中感觉自己受到尊重和重视	0.865	
	CS4	这次服务消费让我感到超值	0.867	
	CS5	这次服务消费让我感到满意	0.821	
	CS6	这次服务消费让我感到满足	0.876	
积极情感（PA）	PA1	这次服务消费让我感到愉快	0.854	0.613
	PA2	这次服务消费让我感到惊喜	0.785	
	PA3	这次服务消费让我感到轻松	0.775	
	PA4	这次服务消费让我感到开心	0.732	
	PA5	这次服务消费让我感到享受	0.765	
社会比较倾向（SC）	SC1	我常常把自己所爱的人（男朋友或女朋友、家庭成员等）与他人进行比较	0.776	0.625
	SC2	我总是非常关注自己与他人做事方式的区别	0.846	
	SC3	如果我想知道我做得如何，我就把自己做的和其他人做的进行比较	0.673	
	SC4	我常常就社交（社交技能、受欢迎程度）与其他人进行比较	0.733	
	SC5	我经常和他人比较	0.829	
	SC6	我常常将发生在自己身上的事与其他人比较	0.818	
	SC7	我常常和他人谈论想到的观点和经验	0.786	
	SC8	我常常试图发现当别人面临和我相似的问题时，他会想什么	0.842	
	SC9	总是想知道相似的情境下别人会怎么做	0.798	
	SC10	如果我想获悉更多关于某事的信息，我会试图找出其他人对此的想法	0.787	
	SC11	我经常将自己生活中的处境与他人比较	0.793	

从表5-5可以看出，各变量的标准化因子载荷均大于0.5，介于0.673~0.912，小于1，各变量的AVE值均大于0.5，表明量表有较好的收敛效度。

③通过比较各变量 AVE 值的平方根和其与其他变量的相关系数检验量表的区别效度。变量间相关系数区别效度检验结果如表 5-6 所示，对角线上加粗表示的数值为各变量 AVE 值的平方根。

表 5-6 区别效度检验结果

变量	人情	面子	感情	自我效能感	满足感	积极情感	社会比较倾向
人情	**0.849**						
面子	0.421**	**0.877**					
感情	0.562**	0.443**	**0.885**				
自我效能感	0.245**	0.465**	0.397**	**0.846**			
满足感	0.334**	0.432**	0.476**	0.326**	**0.864**		
积极情感	0.349**	0.554**	0.465**	0.352**	0.476**	**0.783**	
社会比较倾向	0.297**	0.376**	0.445**	0.289**	0.365**	0.465**	**0.791**

注：** $P<0.01$，对角线上加粗表示的数值为各变量 AVE 值的平方根。

由表 5-6 可知，各变量 AVE 值的平方根分别为 0.849、0.877、0.885、0.846、0.864、0.783、0.791，均大于其与其他变量的相关系数，表明本研究各变量之间有较好的区别效度。

基于以上效度检验，本研究量表有较好的收敛效度，各变量之间有较好的区别效度，即有较好的建构效度。综上所述，本研究量表有较好的信度和效度。

5.3.3 相关分析

主要变量间的相关分析如表 5-7 所示，相关系数为 Pearson 相关系数检验（双尾检验）结果。由表 5-7 可知，人情、面子、感情、自我效能感、满足感、积极情感、社会比较倾向变量之间两两相关的关系显著。其中，人情与满足感和积极情感在 $P<0.01$ 的显著性水平上相关系数分别为 0.334 和 0.349，为本章假设 H1a、H1b 提供了初步支持。面子与满足感和积极情感在 $P<0.01$ 的显著性水平上相关系数分别为 0.432 和 0.554，为本章假设 H2a、H2b 提供了初步支持。感情与满足感和积极情感在 $P<0.01$ 的显著性水平上相关系数分

别为 0. 476 和 0. 465，为本章假设 H3a、H3b 提供了初步支持。人情与自我效能感在 $P<0.05$ 显著性水平上相关系数为 0. 245，为本章假设 H4a 提供了初步支持。面子与自我效能感在 $P<0.01$ 的显著性水平上相关系数为 0. 465，为本章假设 H4b 提供了初步支持。感情与自我效能感在 $P<0.01$ 的显著性水平上相关系数为 0. 397，为本章假设 H4c 提供了初步支持。自我效能感与满足感和积极情感在 $P<0.05$ 显著性水平上相关系数分别为 0. 326 和 0. 352，为本章假设 H5a、H5b 提供了初步支持。

表 5-7　　主要变量间的相关分析

变量	均值	方差	人情	面子	感情	自我效能感	满足感	积极情感	社会比较倾向
人情	4. 234	0. 642	1						
面子	4. 124	0. 588	0. 421**	1					
感情	4. 321	0. 667	0. 562**	0. 443**	1				
自我效能感	3. 314	0. 621	0. 245*	0. 465**	0. 397**	1			
满足感	4. 311	0. 432	0. 334**	0. 432**	0. 476**	0. 326*	1		
积极情感	4. 023	0. 634	0. 349**	0. 554**	0. 465**	0. 352*	0. 476**	1	
社会比较倾向	2. 921	0. 532	0. 297*	0. 376*	0. 445**	0. 289*	0. 365*	0. 465**	1

注：* $P<0.05$，** $P<0.01$。

5. 3. 4　假设检验

采用 AMOS21. 0 结构方程建模软件构建路径模型，结合 Bootstrap 方法进行数据分析，对总效应、直接效应和间接效应进行分析，对相关研究假设进行检验。本研究以偏差校正的方法，构建 95%的置信区间，自体抽样 5000 次进行数据分析。修正后的路径模型拟合指标结果如表 5-8 所示。

表 5-8　　路径模型拟合指标结果

	χ^2/df	CFI	IFI	TLI	GFI	RMSEA
模型	3. 535	0. 954	0. 913	0. 921	0. 935	0. 054
标准	<5. 0	>0. 9	>0. 9	>0. 9	>0. 9	<0. 08

由表5-8可知，χ^2/df 等于 3.535，CFI 等于 0.954，IFI 等于 0.913，TLI 等于0.921，GFI 等于 0.935，RMSEA 等于 0.054，表明数据与理论模型间的拟合关系良好。路径分析结果如图5-2所示。

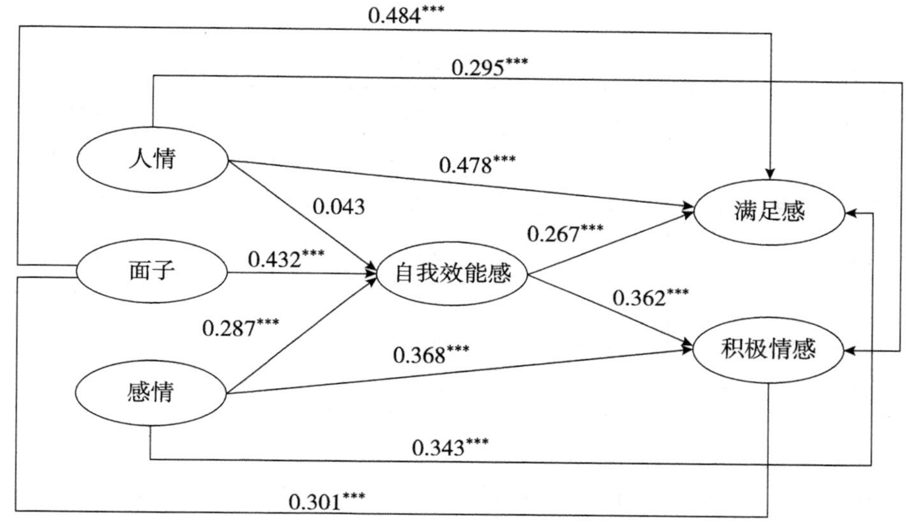

图5-2 路径分析结果

注：*** $P<0.001$。

5.3.4.1 个人关系与消费者幸福感总效应关系检验

个人关系的人情、面子和感情三个维度对满足感和积极情感的总效应关系检验结果如表5-9所示。根据置信区间的上下限值结果对总效应是否显著进行判别：如果置信区间不包含0，则效应值显著；如果置信区间包含0，则效应值不显著。由表5-9可知，人情对满足感有显著的正向影响，总效应值为0.543，置信区间为［0.463，0.621］，不包含0，本章假设H1a得到支持。人情对积极情感有显著的正向影响，总效应值为0.343，置信区间为［0.263，0.565］，不包含0，本章假设H1b得到支持。面子对满足感有显著的正向影响，总效应值为0.521，置信区间为［0.412，0.654］，不包含0，本章假设H2a得到支持。面子对积极情感有显著的正向影响，总效应值为0.432，置信区间为［0.276，0.554］，不包含0，本章假设H2b得到支持。感情对满足感有显著的正向影响，总效应值为0.443，置信区间为［0.263，0.521］，不包含0，本章假设H3a得到支持。感情对积极情感有显著的正向影响，总效应值为0.487，置信区间为［0.266，0.587］，不包含0，本章假设H3b得到支持。

表5-9 总效应关系检验结果

路径关系	参数估计	标准误	LLCI	ULCI
人情→满足感	0.543	0.054	0.463	0.621
人情→积极情感	0.343	0.062	0.263	0.565
面子→满足感	0.521	0.059	0.412	0.654
面子→积极情感	0.432	0.067	0.276	0.554
感情→满足感	0.443	0.053	0.263	0.521
感情→积极情感	0.487	0.087	0.266	0.587

5.3.4.2 个人关系、自我效能感、消费者幸福感直接效应关系检验

人情、面子、感情、自我效能感、满足感、积极情感间关系的直接效应分析结果如表5-10所示。由表5-10可知，人情对自我效能感的影响作用不显著（$\beta=0.043$，$P>0.05$），本章假设H4a未得到支持。面子对自我效能感有显著的正向影响（$\beta=0.432$，$P<0.001$），本章假设H4b得到支持。感情对自我效能感有显著的正向影响（$\beta=0.287$，$P<0.001$），本章假设H4c得到支持。自我效能感对满足感有显著的正向影响（$\beta=0.267$，$P<0.001$），本章假设H5a得到支持。自我效能感对积极情感有显著的正向影响（$\beta=0.362$，$P<0.001$），本章假设H5b得到支持。

表5-10 直接效应分析结果

路径关系	路径系数	标准误	T值	P值
人情→自我效能感	0.043	0.082	1.184	0.394
面子→自我效能感	0.432	0.032	6.043	***
感情→自我效能感	0.287	0.043	3.754	***

续　表

路径关系	路径系数	标准误	T 值	P 值
自我效能感→满足感	0. 267	0. 053	3. 549	***
自我效能感→积极情感	0. 362	0. 079	3. 432	***
人情→满足感	0. 478	0. 085	5. 834	***
人情→积极情感	0. 295	0. 072	5. 362	***
面子→满足感	0. 484	0. 038	6. 064	***
面子→积极情感	0. 301	0. 045	7. 601	***
感情→满足感	0. 343	0. 065	4. 254	***
感情→积极情感	0. 368	0. 083	5. 693	***

注：* $P<0.05$，*** $P<0.001$。

5. 3. 4. 3　自我效能感的中介效应检验

自我效能感在人情、面子和感情与满足感、积极情感间的间接效应检验结果如表 5-11 所示。根据置信区间的上下限值结果对间接效应是否显著进行判别：如果置信区间不包含 0，则效应值显著；如果置信区间包含 0，则效应值不显著。由表 5-11 可知，自我效能感在人情对满足感和积极情感影响的间接效应值分别为 0. 065 和 0. 048，置信区间分别为［-0. 042，0. 209］和［-0. 032，0. 158］，均包含 0，表明自我效能感在人情和消费者幸福感两个维度间中介作用均不显著，本章假设 H6a 和 H6b 未得到支持。自我效能感在面子对满足感和积极情感影响的间接效应值分别为 0. 037 和 0. 131，置信区间分别为［0. 018，0. 256］和［0. 035，0. 257］，均不包含 0，表明自我效能感在面子和消费者幸福两个维度之间均起到显著中介作用，本章假设 H6c 和 H6d 得到支持。自我效能感在感情对满足感和积极情感影响的间接效应值分别为 0. 100 和 0. 119，置信区间分别为［0. 045，0. 236］和［0. 042，0. 189］，均不包含 0，表明自我效能感在面子和消费者幸福感两个维度间均起显著中介作用，本章假设 H6e 和 H6f 得到支持。

表 5-11 自我效能感的中介效应检验

路径关系	参数估计	标准误	LLCI	ULCI
人情→自我效能感→满足感	0. 065	0. 054	−0. 042	0. 209
人情→自我效能感→积极情感	0. 048	0. 067	−0. 032	0. 158
面子→自我效能感→满足感	0. 037	0. 069	0. 018	0. 256
面子→自我效能感→积极情感	0. 131	0. 066	0. 035	0. 257
感情→自我效能感→满足感	0. 100	0. 059	0. 045	0. 236
感情→自我效能感→积极情感	0. 119	0. 058	0. 042	0. 189

5. 3. 4. 4 社会比较倾向的调节效应检验

本研究中自变量和调节变量都是连续变量，因此，采用 SPSS22. 0 数据分析软件进行层次回归，对社会比较倾向的调节效应进行检验。在进行层次回归之前，先对各变量进行中心化处理，再计算交互项。依据调节效应检验程序，通过强迫进入法，在回归模型中依次将性别、年龄、教育背景、职业、月可支配收入、服务类型、每月接受服务次数等控制变量，自我效能感和社会比较倾向，自我效能感和社会比较倾向的交互项带入层次回归模型中，调节效应检验结果如表 5-12 所示。

由表 5-12 可知，模型 3 的调整 R^2 值为 0. 486，大于模型 2 的调整 R^2 值 0. 473，说明当引入自我效能感与社会比较倾向的交互项后，社会比较倾向对满足感的变异解释量增加了 1. 3%，且在 $P<0.001$ 的水平上显著，同时，模型 3 中自我效能感和社会比较倾向的交互项对满足感的负向影响显著（$P<0.05$），表明社会比较倾向显著地负向调节了自我效能感和满足感间的关系，本章假设 H7a 得到支持。模型 6 的调整 R^2 值为 0. 458，大于模型 5 的调整 R^2 值 0. 441，说明当引入自我效能感与社会比较倾向的交互项后，社会比较倾向对积极情感的变异解释量增加了 1. 7%，且在 $P<0.001$ 的水平上显著，同时，模型 6 中自我效能感和社会比较倾向的交互项对积极情感的负向影响显著（$P<0.01$），表明社会比较倾向显著地负向调节了自我效能感和积极情感间的关系，本章假设 H7b 得到支持。

表 5-12 社会比较倾向在自我效能感与消费者幸福感之间的调节作用

变量	满足感			积极情感		
	M1	M2	M3	M4	M5	M6
控制变量						
性别	-0.022	-0.012	-0.087	-0.021	-0.023	-0.051
年龄	0.054	0.032	0.021	0.122	0.022	0.016
教育背景	-0.026	-0.047	-0.050	-0.075	-0.087	-0.092
职业	0.023	0.064	0.054	0.032	0.052	0.045
月可支配收入	0.043	0.032	0.079	0.032	0.025	0.072
服务类型	0.042	0.043	0.021	0.053	0.038	0.050
每月接受服务次数	0.097	0.031	0.032	0.0145	0.011	0.130
自变量						
自我效能感		0.332***	0.320***		0.227**	0.215**
调节变量						
社会比较倾向		0.143*	0.132*		0.224**	0.218**
自变量与调节变量交互项						
自我效能感×社会比较倾向			-0.143*			-0.192**
F	0.524	122.420***	124.422***	0.846	134.417***	135.857***
R^2	0.622	0.680	0.743	0.322	0.432	0.532
调整 R^2	-0.324	0.473	0.486	-0.311	0.441	0.458

注：* $P<0.05$，** $P<0.01$，*** $P<0.001$。

本研究绘制了如图 5-3、图 5-4 所示的调节效应图，更为直观地展现"高"（均值加一个标准差，M+1SD）和"低"（均值减一个标准差，M-1SD）不同程度的社会比较倾向与自我效能感对满足感和积极情感的交互效应。较高的社会比较倾向程度能够降低自我效能感对满足感的影响；较高的社会比较倾向程度能够降低自我效能感对积极情感的影响。

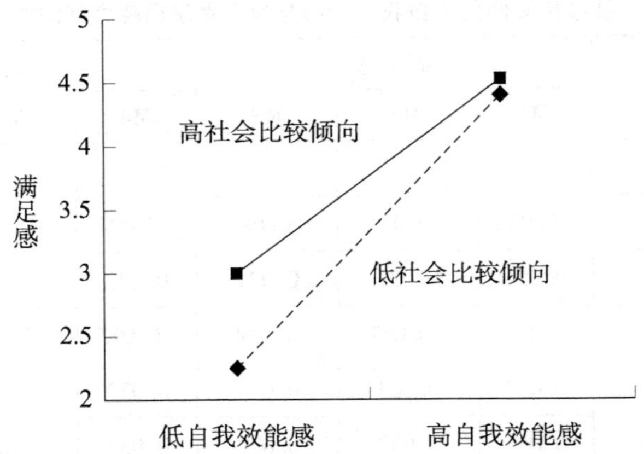

图 5-3　社会比较倾向对自我效能感与满足感关系的调节作用

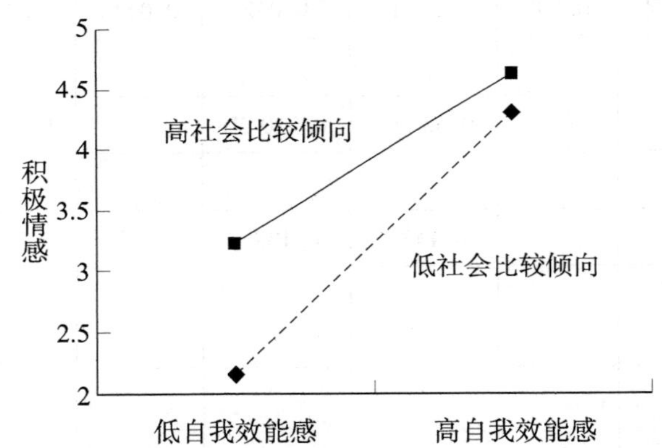

图 5-4　社会比较倾向对自我效能感与满足感关系的调节作用

5.4　结果讨论

本研究基于社会支持理论和马斯洛需求层次理论，构建了一个以个人关系的三个维度（人情、面子和感情）为自变量、自我效能感为中介变量、消费者幸福感的两个维度（满足感和积极情感）为因变量、社会比较倾向为调节变量的理论模型。通过实证检验探讨了个人关系的三个维度（人情、面子和感情）对消费者幸福感的两个维度（满足感和积极情感）的作用机制，以及社会比较倾向在其间的调节效应。通过以瘦身咨询、健身、跆拳道培训、英语培训服务机构消费者为样本收集数据，对 324 份有效样本进行同源方差检验、信度效度检验、相关分析，并对假设进行逐一检验，检验结果如表 5-13 所示。

表 5-13 假设检验结果

假设	假设内容	检验结果
H1a	人情对满足感有正向影响	支持
H1b	人情对积极情感有正向影响	支持
H2a	面子对满足感有正向影响	支持
H2b	面子对积极情感有正向影响	支持
H3a	感情对满足感有正向影响	支持
H3b	感情对积极情感有正向影响	支持
H4a	人情对自我效能感有正向影响	不支持
H4b	面子对自我效能感有正向影响	支持
H4c	感情对自我效能感有正向影响	支持
H5a	自我效能感对满足感有正向影响	支持
H5b	自我效能感对积极情感有正向影响	支持
H6a	自我效能感在人情对满足感的影响中起中介作用	不支持
H6b	自我效能感在人情对积极情感的影响中起中介作用	不支持
H6c	自我效能感在面子对满足感的影响中起中介作用	支持
H6d	自我效能感在面子对积极情感的影响中起中介作用	支持
H6e	自我效能感在感情对满足感的影响中起中介作用	支持
H6f	自我效能感在感情对积极情感的影响中起中介作用	支持
H7a	社会比较倾向对自我效能感与满足感的关系具有调节作用	支持
H7b	社会比较倾向对自我效能感与积极情感的关系具有调节作用	支持

研究结果表明有以下几点。

第一，个人关系的三个维度（人情、面子和感情）对消费者幸福感的两个维度（满足感和积极情感）均具有显著正向影响。在服务消费领域，消费者与服务人员之间产生的个人关系让消费者拥有更多的社会资源，对服务购买过程产生更多的满足感，提升消费者的积极情感。

第二，个人关系的面子和感情两个维度正向影响消费者自我效能感，人情对自我效能感影响作用不显著。在服务交互中，当消费者与服务人员之间互相给面子，双方拥有良好的感情时，消费者会提升对自我的评价，并认为自己对环境更有掌控感，提升其自我效能感。这可能是因为消费者在与服务人员进行服务交互时，当服务人员超出服务工作范畴为消费者进行帮忙后，消费者会觉得对方的服务超出了自己的预期，产生满意和惊喜等积极情感，更愿意对其忠诚，愿意再次进行消费，但并不会觉得欠对方人情需要还，不会对自身的能力产生更高的评价，因此，人情对自我效能感的影响不显著。

第三，自我效能感对消费者幸福感的满足感和积极情感两个维度有显著正向影响。在服务消费过程中，消费者对环境掌控的程度和对自我的认知情况是自我效能感的主要来源，自我效能感越高的消费者越能够在服务消费过程中掌控环境，认可自己，因此，更容易产生满足感和积极情感反应。

第四，自我效能感在个人关系的面子和感情两个维度与满足感和积极情感的关系间起中介作用。消费者与服务人员之间拥有的面子和感情通过自我效能感对满足感和积极情感产生积极影响作用。由于人情对自我效能感影响不显著，因此，自我效能感不能在人情与满足感和积极情感之间起到中介作用。这可能是因为人情是个人感知对他人恩惠的亏欠并进行回报的意愿。因此，人情在个人与他人相互亏欠与回报中互相抵消。

第五，社会比较倾向弱化了自我效能感对消费者幸福感的满足感和积极情感两个维度的正向影响。社会比较倾向越高，自我效能感对满足感和积极情感的影响被弱化的程度越大，自我效能感与满足感和积极情感的关系越弱。社会比较倾向越低，自我效能感对满足感和积极情感的影响被弱化的程度越小，自我效能感与满足感和积极情感的关系越强。

6 结论与展望

6.1 研究结论

通过梳理消费者幸福感相关文献，本研究发现影响消费者幸福感的因素没有得到深入地探讨。本研究基于符号互动理论、社会支持理论、自我决定理论、马斯洛需求层次理论等相关理论，运用实证研究方法分别从服务仪式、消费者组织社会化、个人关系三个具体影响因素构建理论模型并对假设进行验证，揭示了前因变量对消费者幸福感作用机制的“黑匣子”，以及这些因素发挥作用的边界条件。通过实证分析，得出以下几点研究结论。

第一，服务仪式是消费者幸福感的重要前因，服务己化是服务仪式转化为消费者幸福感的重要环节。服务仪式对消费者幸福感影响机制模型的假设检验结果显示，在服务消费过程中，消费者感受到的服务仪式不仅能直接对满足感和积极情感产生正向的促进作用，还能通过服务己化对满足感和积极情感产生影响。服务仪式使服务成为消费者构建和表达自我概念的资源，使消费者对服务产生强烈的情感反应。消费者幸福感作为服务消费活动中顾客对产品或服务的消费感到满足时形成的一种积极情感，受到服务仪式的正向影响。服务己化是顾客与服务间建立的广义拥有性关系，当消费者将服务“化为己有”时，会产生幸福感，即服务仪式通过服务己化对消费者幸福感产生积极影响。

第二，消费者的关系需要在服务己化与消费者幸福感关系间起调节作用。关系需要是个体希望自己与他人有联系的倾向，表现为个体的亲和动机程度，对其内在状态和行为存在影响。研究结果表明，关系需要在服务己化与满足感和积极情感之间的关系中起正向调节作用。消费者的关系需要水平增强了服务己化对满足感和积极情感的正向影响，即消费者的关系需要程度越高，服务己化引发的满足感和积极情感反应越强。同时，关系需要正向调节了服务己化在服务仪式与满足感关系间的中介作用，但关系需要对服务己化在服务仪式与积极情感关系间中介作用的调节效应未获支持。原因在于，通过与仪式化服务建立的己化关系所带来的关系需要的满足使消费者感受到更多的满足感，但对于不同关系需要水平的消费者，服务仪式通过作用于其与服务间的己化关系进而引发的积极情感在程度上不存在显著差异。

第三，消费者组织社会化是消费者幸福感的重要前因，同时，消费者组织社会化通过合作生产对消费者幸福感产生影响。此外，消费者有意识的合作生产行为是其获得幸福感的直接动因。消费者通过与服务提供者合作并主动参与服务交互提升幸福感。研究结果显示，消费者组织社会化的角色清晰、工作掌握和目标一致三个维度不仅直接影响消费者幸福感的满足感和积极情感两个维度，还通过合作生产的服从、个人主动性和公民美德对消费者幸福感的满足感和积极情感产生影响。消费者组织社会化的角色明晰、工作掌握和目标一致三个维度是满足感和积极情感的重要影响因素。合作生产的服从、个人主动性和公民美德三个维度在角色明晰、工作掌握和目标一致与满足感和积极情感间起到中介作用。角色明晰、工作掌握和目标一致通过服从、个人主动性和公民美德对满足感和积极情感产生影响。

第四，消费者的独特性需求在合作生产与消费者幸福感关系间起调节作用。具体而言，独特性需求在合作生产的服从与消费者幸福感的满足感和积极情感关系间起到负向调节作用，独特性需求削弱了服从对消费者幸福感的影响。在服从过程中，相对于低独特性需求的消费者，高独特性需求的消费者因对与他人相似性有更高的敏感程度而产生更多的负面情绪，因此，对服从与满足感和积极情感的关系弱化也更多。独特性需求在合作生产的个人主动性与满足感和积极情感关系间起到正向调节作用，独特性需求增强了个人主动性对消费者幸福感的影响。在发挥个人主动性的合作生产过程中，相对于低独特性需求的消费者，高独特性需求的消费者会产生更为积极的创造性活动表现，产生更为积极的情感反应，从而形成更多的满足感和积极情感。

独特性需求在公民美德与满足感和积极情感关系间起正向调节作用。独特性需求增强了公民美德对消费者幸福感的影响。在发挥公民美德的合作生产过程中，相对于低独特性需求的消费者，高独特性需求的消费者会产生更为积极的利他行为表现，在此过程中，形成更多的满足感和积极情感。

第五，个人关系是消费者幸福感的重要前因，同时，个人关系通过自我效能感对消费者幸福感产生影响。个人关系的面子和感情维度不仅直接对消费者幸福感的满足感和积极情感产生影响，还通过自我效能感对满足感和积极情感产生影响。基于社会支持理论，个人关系属于社会资源，是社会支持的重要体现，个人关系会提升消费者的幸福感，本研究的结果也验证了此论点。服务人员与消费者之间的面子和感情能够通过自我效能感对消费者幸福感起作用。当消费者与服务人员之间互相给面子，双方拥有良好的感情时，消费者会提升对自我的评价并认为自己对环境更有掌控感，从而提升自我效能感。面子和感情产生需要回报对方的意愿，这会增加彼此的社会资源，提升消费者对自我的认知和评价。消费者通过消费获取社会资源，从而提升自我认知，提升消费者的满足感，产生积极情感。虽然人情对消费者幸福感有直接影响作用，但不能通过自我效能感对消费者幸福感起作用。这可能是因为消费者在与服务人员进行服务交互时，当服务人员为消费者提供超出其服务工作范畴的服务后，消费者会觉得对方的服务超出了自己的预期，产生满意和惊喜等积极情感，增加再次进行消费的可能性，并会觉得欠对方人情需要还，不会对自身的能力产生更高的评价。

第六，社会比较倾向在自我效能感与消费者幸福感关系间起调节作用。具体而言，社会比较倾向在自我效能感与满足感和积极情感的关系间起负向调节作用，社会比较倾向抑制了自我效能感与满足感和积极情感的关系。社会比较倾向越高，自我效能感与满足感和积极情感的关系越弱，社会比较倾向越低，自我效能感与满足感和积极情感的关系越强。在服务消费中，相对于低社会比较倾向的消费者，自我效能感对高社会比较倾向的消费者的自我感知和自尊的影响在更大程度上被削弱，使其在服务中的自我感知和自尊水平更低，从而使自我效能感对满足感和积极情感的效应受到更多的抑制，因此，自我效能感对满足感和积极情感影响的削弱程度更高。

6.2 理论贡献和管理启示

6.2.1 理论贡献

第一，从不同视角探究影响消费者幸福感形成的因素，将消费者幸福感形成理论框架中的因素具体化为变量，弥补了基于消费者幸福感形成理论框架开展实证研究的不足。以服务消费为背景，基于消费者幸福感形成理论框架，分别从服务实体视角、消费者实体视角、服务实体与消费者实体情感视角探究了服务仪式、消费者组织社会化以及个人关系对消费者幸福感的影响作用机制，为消费者幸福感形成的理论框架提供实证支持。同时，采用服务消费情境下消费者幸福感的定义和测量，突破了以往研究应用主观幸福感定义和测量的局限，拓展了基于服务消费的消费者幸福感量表的应用。

第二，揭示了服务仪式对消费者幸福感的影响机制和边界条件。现有研究仅从互动仪式链视角刻画了服务仪式对消费者幸福感的影响机制。首先，本研究从消费者与服务提供物间关系视角揭示了服务仪式对消费者幸福感影响的内在机制，扩展了服务仪式与消费者幸福感间作用机制的研究视角，丰富了服务仪式效应以及消费者幸福感形成机制研究。其次，通过实证研究支持了现有研究提出的“顾客与服务提供物间拥有性关系是理解顾客心理及行为的基础”这一观点。最后，研究探讨了关系需要对服务己化与消费者幸福感间关系的调节作用，以及关系需要调节服务己化在服务仪式与消费者幸福感间的中介作用，从消费者个体特征视角丰富了服务仪式对消费者幸福感影响作用边界条件的探讨。

第三，揭示了消费者组织社会化对消费者幸福感的影响机制和边界条件。现有研究仅在金融服务咨询领域探讨了消费者组织社会化对消费者财务幸福感及组织满意度的影响。首先，本研究通过实证研究发现了消费者组织社会化对消费者幸福感的积极作用。其次，基于现有研究验证消费者组织社会化与合作生产之间的正向影响关系，引入合作生产作为消费组织社会化与消费者幸福感的中介变量，进一步验证了合作生产的不同维度在消费者组织社会化各个维度与满足感和积极情感间的作用关系。最后，发现在不同独特性需求水平下，消费者合作生产对消费者幸福感作用的差异。此外，基于服务消费的消费者组织社会化研究弥补了以往组织社会化研究主要集中在员工领域的不足。

第四，揭示了个人关系对消费者幸福感的影响机制和边界条件。现有研究较多关注个人关系对员工幸福感的影响，较少涉及服务消费中服务人员与消费者的个人关系对消费者幸福感的影响，并且消费者幸福感的现有研究多以西方文化为背景选取变量，对体现中国文化特色的变量研究很少。首先，本研究论证并实证检验了具有中国文化特征的个人关系对消费者幸福感的积极影响，丰富了消费者幸福感本土化因素的研究。其次，进一步发现个人关系通过自我效能感对消费者幸福感发挥积极作用，丰富了个人关系对消费者幸福感影响机制的研究。将个人关系细化到人情、面子、感情三个维度发现，自我效能感在面子和感情与满足感和积极情感之间起到中介作用，在人情与满足感和积极情感之间没有起到中介作用。最后，揭示了社会比较倾向在自我效能感对消费者幸福感影响中的负向调节作用，有助于全面理解消费者幸福感发挥作用的边界条件。

6.2.2 管理启示

本研究的研究成果为服务行业各类企业在服务交互中提升消费者幸福感提供参考和借鉴。

6.2.2.1 通过有仪式感的服务设计提升消费者幸福感及其他积极心理绩效

服务提供组织及服务行业应注重在服务人员形象、动作，以及物品、场景设计等方面引入仪式要素，给消费者带来更多惊喜、受尊重等满足感，以及开心、享受等积极情感，推动服务提供物的变革和创新。服务组织也可以通过服务流程的设计使其服务过程更具有仪式感，并在服务中注入服务组织或品牌反映的价值和意义，使服务更容易被消费者理解。同时，还应注重：结合消费者导向设计服务仪式，如通过调研或大数据分析了解目标消费者自我建构或表达需求；科学地组合和应用各种形式的仪式符号，如将苹果品牌标识与平安祈福相结合；服务仪式应易于理解和记忆，更为消费者所接受，还应充分考虑社会流行和文化传统要素，如在川菜馆上菜环节增加仪式化色彩浓郁的变脸表演等。

6.2.2.2 构建消费者与服务间的拥有性关系

在通过服务仪式提升消费者幸福感的过程中，应特别注意构建消费者与服务间的拥有性关系。例如，服务仪式中第二人称所有格（您的）的使用，以及仪式中的个性化设计等；简化和降低服务仪式的复杂性，帮助消费者了解服务过程，使服务更易为消费者所理解和化为已有；注重消费者在服务仪式中的主体地位，不应仅让服务人员承担主要工作、消费者轻度参与或观察，而应为消费者提供服务深度参与角色，如消费者亲自体验摔糍粑、摇拉皮等。同时，还应注重结合消费者个体特征或需要进行服务提供物和服务仪式的设计。更为亲切、承载更多认同和归属感的服务仪式可以更好地满足消费者关系需要，使其形成更高水平的幸福感。

6.2.2.3 多渠道加强对消费者的管理

除了提供优质服务，服务企业还可以利用网络服务平台、新媒体等传播渠道，以轻松娱乐的方式通过宣传、指导、培训，加强与消费者的沟通和互动，使消费者理解并适应自身的组织角色，掌握完成服务所需的必要知识和技能，并通过增加与消费者的沟通交流，使消费者对企业的价值观和服务理念更认同。例如，通过企业官方微信平台将消费者应具备的知识和技能设计成闯关游戏，以闯关打卡等活动形式，让消费者在娱乐中掌握应具备的知识和技能，增进对企业服务理念的了解。在消费者参与服务消费过程中，企业应以提升消费者的服务感知体验为核心，通过开展系列化的消费者组织社会化策略，例如，开展“买家秀”等活动积极传播企业的经营理念和价值观，培育与企业价值观趋同的优质客户资源，提升消费者对企业的认同感和归属感。

6.2.2.4 增加消费者参与服务生产的可选择权和自主权

以物质奖励和精神奖励相结合等方式鼓励消费者积极参与服务交互过程，并在服务中赋予消费者一定权利，使消费者具有可选择权和适当的自主权，提升消费者在服务交互过程中完成任务的信心和效能感知，通过参与服务生产赢积分、开设积分英雄榜、换取员工福利优惠券等方式增强消费者在服务消费体验中的“主人翁”意识，使消费者更加自觉遵守服务规范，积极主动反馈服务感受，为提升企业服务质量谏言献策。

6.2.2.5 合理选择沟通方式，精心设计互动内容

在消费者参与合作生产过程中，加强对消费者需求偏好、心理以及行为的调查和分析，合理选择沟通方式，精心设计互动内容。对于独特性需求水平较高的消费者，在不影响服务绩效的前提下，更多地尊重消费者的个人意愿，使用更为柔性化的方式引导消费者参与服务。同时，在服务消费过程中，积极营造消费者主动参与的服务氛围，努力将企业期望获得的消费者公民行为与消费者切身利益相契合，在提升消费者幸福感的同时，使企业获得消费者超出其基本角色的额外贡献。此外，服务企业可以开展消费者忠诚计划等活动，邀请参与忠诚计划的消费者参加企业服务质量感知的跟踪调查。通过消费者参与，为服务企业和消费者提供面对面的交流机会，这样一种合作生产模式使消费者能更加理解和认同企业的价值观。同时，企业可以比竞争对手更加有效地组织和利用消费者信息，通过提供定制化消费者服务不断强化客我关系纽带。当消费者获得个性化的服务后，往往会获得更高程度的满足感和更多的积极情感。

6.2.2.6 注重培养企业员工与消费者之间的个人关系

服务企业必须同时注重人情、面子和感情三个方面，才能从个人关系中获得收益。其中，在人情方面，服务人员要与消费者坦诚相待、互帮互助，

多给消费者提供帮助；在面子方面，服务人员要多为顾客着想，给消费者更多的尊重，让消费者在服务中感到自己很有面子；在感情方面，服务人员要真情付出，通过贴心的服务，培养并加快形成服务人员与消费者的关系纽带。例如，服务人员可以在消费者生日等特殊日期向企业申请纪念品并从企业角度告知消费者，该纪念品由某服务人员为其申请的，以此增进服务人员与顾客间的感情。同时，企业可以通过提升员工与消费者之间的个人关系提升消费者在服务中的自我评价，进而提升消费者幸福感。研究还发现，消费者社会比较倾向在自我效能感对消费者幸福感影响中起负向调节作用。因此，企业可以通过员工与消费者之间的有效沟通，增加对消费者的了解，适当采取贴心、定制化服务，让消费者感到自己获得的服务是最适合自己的，从而降低消费者之间由于比较而产生的负面影响。

6.3 研究局限性与研究展望

6.3.1 研究局限性

本研究运用实证方法对服务消费领域中消费者幸福感形成机制进行探究，并得出一些初步性结论，但仍存在一定的研究局限和进一步研究空间，如以下几点。

第一，关于服务仪式对消费者幸福感影响机制的研究，在样本选取上主要收集线下商业服务经历的消费者数据进行分析、检验假设，缺少对线上经历服务仪式的消费者的调研。特别是随着服务经济蓬勃发展，电信服务、在线金融服务、在线娱乐服务行业也在其服务活动中进行了仪式化的设计（如支付软件中的心愿储蓄、在线邀请好友一起听音乐、各类年底账单或报告等），线上服务仪式在消费者服务体验中占据的地位越来越重要。

第二，关于消费者组织社会化对消费者幸福感影响机制的研究，收集的数据为横截面静态数据，其数据没有纵向动态数据追溯准确。同时，本研究只探讨了消费者独特性需求这一消费者特征变量的调节作用，其他消费者特征变量也可能在消费者合作生产对消费者幸福感影响中起调节作用。

第三，关于个人关系对消费者幸福感影响机制的研究，现有研究使用的是特定服务领域的消费者便利抽样，并且收集的数据为截面数据。模型的稳定性和普适性还需要通过其他研究情境和文化背景的样本数据进一步验证。同时，本研究提出的模型只探讨了消费者自我效能感一个中介变量，其他消费者感知变量也可能在个人关系对消费者幸福感影响中发挥传导作用。此外，随着电子商务的飞速发展，网络消费在消费中所占的比重越来越大，研究结论对网络消费中的个人关系对消费者幸福感的影响是否适用，有待进一步研究。

6.3.2 研究展望

第一，关于服务仪式对消费者幸福感影响的研究，可拓展至服务提供者不直接出席参与，以及消费者作为服务仪式主导者的服务情境，尤其是线上服务情境。同时，现有研究较多集中于商业服务情境，且目前仪式化设计在教育、民政等公共服务行业也得到了广泛应用，如毕业典礼、高考誓师和成人礼仪式等，可尝试在公共服务背景下探讨服务仪式对个体幸福感的影响。此外，服务仪式可能对一线服务人员幸福感存在影响作用，服务人员个体特征也可能对服务仪式活动绩效存在影响，可通过收集配对数据，探讨服务仪式对服务人员和消费者幸福感的影响，以及服务人员特征因素在其间的作用。

第二，关于消费者组织社会化对消费者幸福感影响的研究，可尝试应用实验法探究消费者在一定时期内的组织社会化变化程度对消费者幸福感影响的动态作用机制，并尝试探讨其他消费者特征变量的调节效应，形成对消费者组织社会化和消费者幸福感形成机制更全面、更深刻的认识。随着“90后”和“00后”消费者逐渐成为消费主体，年轻一代有更加独立的意识，消费理念与“70后”“80后”相比有较大差别，他们在消费者组织社会化对消费者幸福感影响中的作用是否不同，有待进一步深入研究。

第三，关于个人关系对消费者幸福感影响的研究，可采取随机抽样方法，并通过收集更广泛和多元的样本数据，在其他领域和文化背景下对相关变量关系进行进一步验证。同时，尝试引入其他消费者心理、情感等变量，探讨其在个人关系对消费者幸福感影响间的作用机制。未来可尝试检验网络消费中的个人关系对消费者幸福感的影响。

参考文献

［1］蔡礼彬，宋莉．旅游者幸福感研究述评：基于扎根理论研究方法［J］．旅游学刊，2020，35（5）：52-63.

［2］郑玉香，刘超．消费者幸福感的研究现状与趋势［J］．经营与管理，2012（3）：109-111.

［3］汪寿阳，杨翠红．2019年中国经济核心指标预测［J］．中国科学院院刊，2019，34（1）：3-9.

［4］臧旭恒．如何看消费对我国经济增长的作用［J］．消费经济，2017，33（2）：3-8.

［5］陈炜，郭国庆，陈凤超．消费类型影响幸福感的实验研究述评与启示［J］．管理评论，2014，26（12）：47-55.

［6］周志民，陈瑞霞，简予繁．品牌幸福感的维度、形成及作用机理：一项基于扎根理论的研究［J］．现代财经（天津财经大学学报），2020，40（3）：19-34.

［7］谢凤华，刘国栋．消费者幸福感研究述评［J］．湘潭大学学报（哲学社会科学版），2012，36（3）：61-64.

［8］金玉芳，许效瑕．消费矛盾态度强度对消费幸福感的影响研究［J］．科技与管理，2019，21（5）：95-101.

［9］沈鹏熠，万德敏，许基南．在线零售情境下人机交互感知如何影响消费者幸福感：基于自主性的视角［J］．南开管理评论，2021，24（6）：26-38.

［10］费鸿萍．中国情境下消费者幸福感的研究展望［J］．华东经济管理，2011，25（4）：96-98.

［11］卫海英，毛立静．服务仪式对消费者幸福感的影响研究：基于互动

仪式链视角［J］. 暨南学报（哲学社会科学版），2019，41（12）：79-90.

［12］张跃先，马钦海，杨勇．基于服务消费情境的消费者幸福感构念开发和驱动因素研究［J］. 管理学报，2017，14（4）：568-579.

［13］宋佳萌，范会勇．社会支持与主观幸福感关系的元分析［J］. 心理科学进展，2013，21（8）：1357-1370.

［14］姚若松，郭梦诗，叶浩生．社会支持对老年人社会幸福感的影响机制：希望与孤独感的中介作用［J］. 心理学报，2018，50（10）：1151-1158.

［15］冉雅璇，卫海英．品牌仪式如何形成？——基于扎根理论的探索性研究［J］. 经济管理，2017，39（12）：108-121.

［16］周天舒，马钦海，杨春江．顾客服务己化：概念内涵、框架与研究展望［J］. 经济管理，2018，40（12）：185-202.

［17］王长征，周学春．品牌象征意义形成机制研究［J］. 外国经济与管理，2009，31（11）：58-65.

［18］赵晓煜．面向顾客的组织社会化对顾客价值共创行为的影响［J］. 技术经济，2018，37（7）：72-80.

［19］楼尊．参与的乐趣：一个有中介的调节模型［J］. 管理科学，2010，23（2）：69-76.

［20］程虹娟，张春和，龚永辉．大学生社会支持的研究综述［J］. 成都理工大学学报（社会科学版），2004（1）：88-91.

［21］李春苗．人际关系协调与冲突解决［M］. 广州：广东经济出版社，2001.

［22］魏华，周宗奎，张永欣，等．压力与网络成瘾的关系：家庭支持和朋友支持的调节作用［J］. 心理与行为研究，2018，16（2）：266-271.

［23］王才康，胡中锋，刘勇．一般自我效能感量表的信度和效度研究［J］. 应用心理学，2001，7（1）：37-40.

［24］周宵，伍新春，杨西玛，等．地震后青少年共情与创伤后成长的关系：情绪表达与认知重评的中介作用［J］. 心理科学，2019，42（6）：1325-1331.

［25］郑显亮，王亚芹．青少年网络利他行为与主观幸福感的关系：一个有中介的调节模型［J］. 心理科学，2017，40（1）：70-75.

［26］邢淑芬，俞国良．社会比较：对比效应还是同化效应？［J］．心理科学进展，2006，14（6）：944-949.

［27］楚啸原，曾攀，许俏，等．朋友支持与大学生幸福感：自我效能感的中介与社会比较倾向的调节［J］．心理科学，2021，44（2）：426-432.

［28］曾陶然，徐亚一，蒋奖．体验购买、实物购买与幸福感：关系需要满足的中介作用［J］．心理科学，2017，40（1）：168-173.

［29］邓建军，卢希起，李庆安，等．主观真实-持续幸福感量表中文版的信度和效度检验［J］．中国临床心理学杂志，2020，28（2）：335-338+343.

［30］刘蕾，孙五俊，姜媛，等．幸福感测量指标体系的评价与展望［J］．中国特殊教育，2019（2）：66-73.

［31］何文芳，吕厚超，杜刚．社会认知基本维度与主观幸福感：未来时间洞察力的中介作用［J］．心理科学，2019，42（5）：1167-1173.

［32］李光明，徐冬柠．文化消费对新市民主观幸福感的影响［J］．城市问题，2019（6）：4-13.

［33］郭小弦，王建．社会支持还是参照群体？——社会网络对主观幸福感影响机制的考察［J］．社会科学战线，2019（1）：240-248.

［34］王财玉．消费者态度满意与行为忠诚关系的一致与分离［J］．心理科学进展，2012，20（10）：1690-1699.

［35］郑玲，周志民，陈瑞霞．逃避体验对消费者幸福感的影响机制研究［J］．珞珈管理评论，2019（3）：154-174.

［36］卫海英，王颖，冉雅璇．小事情、大幸福：互动仪式链理论视角下服务仪式对品牌福祉的影响［J］．心理科学进展，2018，26（7）：1141-1151.

［37］冉雅璇，卫海英．互动仪式链视角下的品牌危机修复机制研究［J］．营销科学学报，2015，11（2）：18-33.

［38］冉雅璇，卫海英．互动仪式链视角下品牌危机应对的多案例研究［J］．管理学报，2016，13（5）：647-656.

［39］汪涛，张辉，刘洪深．顾客组织社会化研究综述与未来展望［J］．外国经济与管理，2011，33（2）：33-40.

［40］郭朝阳，陈畅．代际影响在消费者社会化中的作用：以我国城市母

女消费者为例 [J]. 经济管理，2007，29 (8)：40-48.

[41] 翟学伟. 关系研究的多重立场与理论重构 [J]. 江苏社会科学，2007 (3)：118-130.

[42] 胡保玲. 边界人员私人关系及其对渠道关系的影响 [J]. 华东经济管理，2008，14 (7)：101-104.

[43] 宝贡敏，赵卓嘉. 中国文化背景下的"关系"与组织管理 [J]. 重庆大学学报（社会科学版），2008，14 (2)：46-52.

[44] 庄贵军，李柯，崔晓明. 关系营销导向与跨组织人际关系对企业关系型渠道治理的影响 [J]. 管理世界，2008 (7)：77-90.

[45] 庄贵军，席酉民. 中国营销渠道中私人关系对渠道权力使用的影响 [J]. 管理科学学报，2004，7 (6)：52-62.

[46] 周天舒，马钦海，杨勇，等. 顾客服务己化量表开发与验证 [J]. 管理学报，2021，18 (1)：118-126.

[47] 李清政，徐朝霞. 顾客共同生产对服务创新绩效的影响机制：基于知识密集型服务企业在 B2B 情境下的实证研究 [J]. 中国软科学，2014 (8)：120-130.

[48] 张辉，白长虹，李储凤. 消费者网络购物意向分析：理性行为理论与计划行为理论的比较 [J]. 软科学，2011，25 (9)：130-135.

[49] 周文霞，郭桂萍. 自我效能感：概念、理论和应用 [J]. 中国人民大学学报，2006 (1)：91-97.

[50] 张鼎昆，方俐洛，凌文辁. 自我效能感的理论及研究现状 [J]. 心理学动态，1999，7 (1)：39-43，11.

[51] 刘以榕，申艳娥. 自我效能感理论及其研究现状 [J]. 教学与管理（理论版）. 2005 (3)：3-5.

[52] 喻承甫，张卫，曾毅茵，等. 青少年感恩、基本心理需要与病理性网络使用的关系 [J]. 心理发展与教育，2012，28 (1)：83-90.

[53] 刘俊升，林丽玲，吕媛，等. 基本心理需求量表中文版的信、效度初步检验 [J]. 中国心理卫生杂志，2013，27 (10)：791-795.

[54] 李亚林，景奉杰. 社会比较倾向与心理控制源对消费者冲动性购后

满意度的影响［J］. 商业研究，2013（2）：39-47.

［55］郭淑斌，黄希庭．社会比较的动力：动机与倾向性［J］. 西南大学学报（社会科学版），2010，36（4）：14-18.

［56］王明姬，王垒，施俊琦．社会比较倾向量表中文版的信效度检验［J］. 中国心理卫生杂志，2006，20（5）：302-305，316.

［57］任跃强，韩丕国，高峰强，等．羞怯与物质主义：自我控制和社会比较倾向的多重中介作用［J］. 中国临床心理学杂志，2017，25（3）：512-515.

［58］方华．心理控制源与大学生自我发展行为方式：社会比较倾向和主观幸福感的中介影响［D］. 上海：华东师范大学，2009.

［59］毛晓光．20 世纪符号互动论的新视野探析［J］. 国外社会科学，2001（3）：13-18.

［60］乔治·赫伯特·米德．心灵、自我和社会［M］. 霍桂桓，译．南京：译林出版社，2012.

［61］何静．心智与符号的具身性根基：从米德的符号互动理论看［J］. 西北师大学报（社会科学版），2019，56（6）：87-92.

［62］陈继东．社会支持理论研究述评［J］. 大观周刊，2012（38）：16.

［63］王志浩，陆丰刚．东北地区人力资本困境：思考与破解［J］. 学术交流，2018（1）：111-116.

［64］王海萍．合理性的乌托邦与个人的自我实现：赫勒与马斯洛需要理论的比较［J］. 学术交流，2017（4）：5-13.

［65］陈晓萍，沈伟．组织与管理研究的实证方法［M］. 北京：北京大学出版社，2018.

［66］周浩，尤立荣．家长式领导与组织公正感的关系［J］. 心理学报，2007，39（5）：909-917.

［67］吴明隆．SPSS 统计应用实务：问卷分析与应用统计［M］. 北京：科学出版社，2003.

［68］郝金锦．品牌规避的影响因素及效应研究［D］. 沈阳：东北大学，2018.

［69］黄芳铭．结构方程模式理论与应用［M］．北京：中国税务出版社，2005.

［70］温忠麟，叶宝娟．有调节的中介模型检验方法：竞争还是替补？［J］．心理学报，2014，46（5）：714-726.

［71］黄姗姗．顾客参与对消费者幸福的影响研究［D］．武汉：中南财经政法大学，2019.

［72］徐岚．顾客为什么参与创造？——消费者参与创造的动机研究［J］．心理学报，2007，39（2）：343-354.

［73］刘洪深，谌恬竹，张辉．顾客组织社会化对顾客参与的影响［J］．财会通讯，2018（14）：57-61.

［74］陈洋，刘平青．“瓷饭碗”员工信息搜寻行为与组织社会化：有调节的中介模型［J］．预测，2019，38（2）：31-37.

［75］彭艳君，景奉杰．服务中的顾客参与及其对顾客满意的影响研究［J］．经济管理，2008，34（10）：60-66.

［76］戚海峰．人际间影响敏感性对中国消费者独特性需求的作用机制研究［J］．管理学报，2012，9（2）：289-295.

［77］王娟茹，杨瑾．干系人私人关系、知识共享行为对复杂产品研发绩效的影响［J］．科研管理，2014，35（8）：16-24.

［78］王建军．人情关系质量在关系营销中的作用研究［D］．大连：大连理工大学，2012.

［79］马钦海，李艺．服务消费顾客满意与顾客忠诚关系调节因素的实证研究［J］．管理科学，2007，20（5）：48-59.

［80］金耀基．“面”“耻”与中国人行为之分析［J］．中国社会心理学评论，2006（1）：48-64.

［81］成中英，欧阳晓明，翟学伟．脸面观念及其儒学根源［J］．中国社会心理学评论，2006（1）：34-47.

［82］雷霁，唐宁玉．面子观、自我效能与寻求帮助行为的关系研究［J］．中国人力资源开发，2015（13）：13-20.

［83］樊建锋，盛安芳，赵辉．效果逻辑与因果逻辑：两类中小企业创业

者的再验证：环境不确定性感知与创业自我效能感的调节效应［J］. 科技进步与对策，2021，38（7）：38-47.

［84］石满，赵志芳，丁新华．军校研究生自我效能感和主观幸福感的关系研究［J］. 中国健康心理学杂志，2008，16（12）：1353-1355.

［85］严标宾，郑雪，张兴贵．大学生社会支持对主观幸福感的影响机制——自我控制及抑郁的中介作用［J］. 心理科学，2011，34（2）：471-475.

［86］尹霞云，黎志华．主观幸福感：稳定的人格特质还是情境状态［J］. 心理与行为研究，2015，13（4）：521-527.

［87］RUSSELL B. Has religion made useful contributions to civilization? An examination and a criticism［J］. Journal of Applied Spectroscopy，1930，9（4）：1100-1104.

［88］CHERRIER H，MUNOZ C L. A reflection on consumers' happiness：The relevance of care for others，spiritual reflections，and financial detachment［J］. Journal of Research for Consumers，2007（12）：1-19.

［89］AJITHA A A，SHARMA P，KINGSHOTT R P J，et al. Customer participation and service outcomes：Mediating role of task-related affective well-being［J］. Journal of Services Marketing，2019，33（1）：16-30.

［90］ANDERSON L，OSTROM A L，CORUS C，et al. Transformative service research：An agenda for the future［J］. Journal of Business Research，2013，66（8）：1203-1210.

［91］HUANG C H，LIN Y C. Relationships among employee acting，customer-perceived service quality，emotional well-being and value co-creation：An investigation of the financial services industry［J］. Asia Pacific Journal of Marketing and Logistics，2021，33（1）：29-52.

［92］ROSENBAUM M S，CORUS C，OSTROM A L，et al. Conceptualization and aspirations of transformative service research［J］. Journal of Research for Consumers，2011（19）：1-6.

［93］OSTROM A L，BITNER M J，BROWN S W，et al. Moving forward and making a difference：Research priorities for the science of service［J］. Journal of

Service Research, 2010, 13 (1): 4-36.

[94] LYUBOMIRSKY S, KING L, DIENER E. The benefits of frequent positive affect: Does happiness lead to success? [J]. Psychological Bulletin, 2005, 131 (6): 803-855.

[95] ANDERSON E W. Customer satisfaction and word of mouth [J]. Journal of Service Research, 1998, 1 (1): 5-17.

[96] SIRGY M J. Handbook of quality - of - life research [M]. Berlin: Springer Netherlands, 2001.

[97] GUO L, ARNOULD E J, GRUEN T W, et al. Socializing to co-produce: Pathways to consumers' financial well-being [J]. Journal of Service Research, 2013, 16 (4): 549-563.

[98] HEDHLI E K, CHEBAT J, SIRGY J M. Shopping well-being at the mall: Construct, antecedents, and consequences [J]. Journal of Business Research, 2013, 66 (7): 856-863.

[99] MENDE M, DOORN J V. Coproduction of transformative services as a pathway to improved consumer well-being: Findings from a longitudinal study on financial counseling [J]. Journal of Service Research, 2015, 18 (3): 351-368.

[100] SIRGY M J, MICHALOS A C, FERRISS A L, et al. The quality-of-life (QOL) research movement: Past, Present, and future [J]. Social Indicators Research, 2006, 76 (3): 343-466.

[101] ANNUNZIATA A, VECCHIO R. Italian consumer attitudes toward products for well-being: The functional foods market [J]. International Food and Agribusiness Management Review, 2010, 13 (2): 19-50.

[102] ITZCHAKOV G, HARRVELD V F. Feeling torn and fearing rue: Attitude ambivalence and anticipated regret as antecedents of biased information seeking [J]. Journal of Experimental Social Psychology, 2018 (75): 19-26.

[103] SIRGY M J, LEE D T, KRESSMANN F. A need-based measure of Consumer Well Being (CWB) in relation to personal transportation: Nomological validation [J]. Social Indicators Research, 2006, 79 (2): 337-367.

[104] ROSENBAUM M S, MASSIAH C A. When customers receive support from other customers: Exploring the influence of intercustomer social support on customer voluntary performance [J]. Journal of Service Research, 2007, 9 (3): 257-270.

[105] OZANNE J L, ANDERSON L. Community action research [J]. Journal of Public Policy & Marketing, 2010, 29 (1): 123-137.

[106] HOJMAN D A, MIRANDA Á. Agency, human dignity, and subjective well-being [J]. World Development, 2018 (101): 1-15.

[107] SMITH M K, PUCZK L Ó. The routledge handbook of health tourism [M]. London: Routledge, 2016.

[108] TAN C, KRISHNAN S A, LEE Q W. The role of self-esteem and social support in the relationship between extraversion and happiness: A serial mediation model [J]. Current Psychology, 2017, 36 (3): 556-564.

[109] LIV Q, WEI H Y. Rituals in service: A literature review [J]. Journal of Service Science and Management, 2020, 13 (1): 178-187.

[110] OTNES C C, IIHAN B E, KULKARNI A A. The language of marketplace rituals: Implications for customer experience management [J]. Journal of Retailing, 2012, 88 (3): 367-383.

[111] BELK R W. Possessions and the extended self [J]. The Journal of Consumer Research, 1988, 15 (2): 139-168.

[112] MIFSUD M, CASES A S, N'GOALA G. Service appropriation: How do customers make the service their own? [J]. Journal of Service Management, 2015, 26 (5): 706-725.

[113] BROOKS A W, SCHROEDER J, RISEN J L, et al. Dont stop believing: Rituals improve performance by decreasing anxiety [J]. Organizational Behavior and Human Decision Processes, 2016 (137): 71-85.

[114] ZHANG Y, RISEN J L, HOSEY C. Reversing one's fortune by pushing away bad luck [J]. Journal of Experimental Psychology: General, 2014, 143 (3): 1171-1184.

[115] ANDERSON L, OSTROM A L. Transformative service research: Advancing our knowledge about service and well-being [J]. Journal of Service Research, 2015, 18 (3): 243-249.

[116] BAEK E, CHOO H J, LEE S H. Using warmth as the visual design of a store: Intimacy, relational needs, and approach intentions [J]. Journal of Business Research, 2018 (88): 91-101.

[117] MILLS P K, MORRIS J H. Clients as "Partial" employees of service organizations: Role development in client participation [J]. Academy of Management Review, 1986, 11 (4): 726-735.

[118] CLAYCOMB C, LENGNICK-HALL C A, INKS L W. The customer as a productive resource: A pilot study and strategic implications [J]. Journal of Business Strategies, 2001, 18 (1): 47-70.

[119] POUSHNEH A, VASQUEZ-PARRAGA A Z. The role of customer readiness and participation in non-technology-based service delivery [J]. Journal of Consumer Marketing, 2018, 35 (6): 588-600.

[120] RYAN R M, DECI E L. Self-determination theory and the facilitation of intrinsic motivation, social development, and well-being [J]. American Psychologist, 2000, 55 (1): 68-78.

[121] DECI E L, RYAN R M. Self-determination theory: A macrotheory of human motivation, development, and health [J]. Canadian Psychology/Psychologie canadienne, 2008, 49 (3): 182-185.

[122] LEE Y, HO F N, WU M C. How do form and functional newness affect adoption preference? The moderating role of consumer need for uniqueness [J]. Journal of Consumer Marketing, 2018, 35 (1): 79-90.

[123] COHEN S, MCKAY G. Interpersonal relationships as buffers of the impact of psychological stress on health [J]. Handbook of psychology and health, 1984, 1 (1): 253-267.

[124] COHEN S, WILLS T A. Stress, social support, and the buffering hypothesis [J]. Psychological Bulletin, 1985, 98 (2): 310-357.

[125] FREDRICKSON B L. The role of positive emotions in positive psychology: The broaden-and-build theory of positive emotions [J]. The American Psychologist, 2001, 56 (3): 218-226.

[126] LIU L, JIA Y. Guanxi HRM and employee well-being in China [J]. Employee Relations: The International Journal, 2020: 892-910.

[127] BANDURA A. Social foundations of thought and action: A social cognitive theory [M]. Englewood Cliffs: Prentice Hall, 1986.

[128] WOOD R, BANDURA A. Social cognitive theory of organizational management [J]. Academy of Management Review, 1989, 14 (3): 361-384.

[129] SCHWARZER R, BÄBLER J, KWIATEK P. The assessment of optimistic self-beliefs: Comparison of the German, Spanish, and Chinese versions of the general self-efficacy scale [J]. Applied Psychology, 1997, 46 (1): 69-88.

[130] CAPRARA G V, STECA P. Affective and social self-regulatory efficacy beliefs as determinants of positive thinking and happiness [J]. European Psychologist, 2005, 10 (4): 275-286.

[131] MA Z W, ZENG W N, YE K Y. Gender differences in Chinese adolescents'subjective well-being: The mediating role of self-efficacy [J]. Psychological Reports, 2015, 116 (1): 311-321.

[132] YANG C, ROBINSON A. Not necessarily detrimental: Two social comparison orientations and their associations with social media use and college social adjustment [J]. Computers in Human Behavior, 2018 (84): 49-57.

[133] BELK R W. Materialism: Trait aspects of living in the material world [J]. Journal of Consumer Research, 1985, 12 (3): 265-280.

[134] RICHINS M L, DAWSON S. A consumer values orientation for materialism and its measurement: Scale development and validation [J]. Journal of Consumer Research, 1992, 19 (3): 303-316.

[135] EASTERLIN R A. Income and happiness: Towards a unified theory [J]. The Economic Journal, 2001, 111 (473): 465-484.

[136] DIENER E, BISWAS-DIENER R. Will money increase subjective well-being?: A literature review and guide to needed research [J]. Social Indicators Research, 2002, 57 (2): 119-169.

[137] DIENER E. Subjective well-being [J]. Psychological Bulletin, 1984, 95 (3): 542-575.

[138] DESMEULES R. The Impact of variety on consumer happiness: Marketing and the tyranny of freedom [J]. Academy of Marketing Science Review, 2002, 12 (1): 1-18.

[139] AHUVIA A C, FRIEDMAN D C. Income, consumption and subjective well-being: Toward a composite macromarketing model [J]. Journal of Macromarketing, 1998, 18 (2): 153-168.

[140] CAMPBELL A, CONVERSE P E, RODGERS W L. The quality of American life: Perceptions, evaluations, and satisfactions [M]. New York: Russell Sage Foundation, 1976.

[141] LEE D J, SIRGY M J, LARSEN V, et al. Developing a subjective measure of consumer well-being [J]. Journal of Macromarketing, 2002, 22 (2): 158-169.

[142] LEELANUITHANIT O, DAY R, WALTERS R. Investigating the Relationship between marketing and overall satisfaction with life in a developing country [J]. Journal of Macromarketing, 1991, 11 (1): 3-23.

[143] SIRGY M J, LEE D J, GRZESKOWIAK S, et al. An extension and further validation of a community-based consumer well-being measure [J]. Journal of Macromarketing, 2008, 28 (3): 243-257.

[144] SIRGY M J, CORNWELL T. Further validation of the Sirgy et al.'s measure of community quality of life [J]. Social Indicators Research, 2001, 56 (2): 125-143.

[145] NICOLAO L, IRWIN J R, GOODMAN J K. Happiness for sale: Do experiential purchases make consumers happier than material purchases? [J]. Journal of Consumer Research, 2009, 36 (2): 188-198.

[146] BEARDEN W O, WILDER R P. Household life-cycle effects on consumer wealth and well-being for the recently retired [J]. Journal of Macromarketing, 2007, 27 (4): 389-403.

[147] SIRGY M J, WIDGERY R N, LEE D J, et al. Developing a measure of community well-being based on perceptions of impact in various life domains [J]. Social Indicators Research, 2010, 96 (2): 295-311.

[148] SIRGY M J, LEE D J, MILLER C, et al. The impact of globalization on a countrys quality of life: Toward an integrated model [J]. Social Indicators Research, 2004, 68 (3): 251-298.

[149] COLLINS R. Interaction ritual chains theory [M]. New Jersey: Princeton University Press, 2004.

[150] GENTINA E, PALAN K M, FOSSE-GOMEZ M H. The practice of using makeup: A consumption ritual of adolescent girls [J]. Journal of Consumer Behaviour, 2012, 11 (2): 115-123.

[151] KHAN A, LINDRIDGE A, PUSAKSRIKIT T. Why some south asian muslims celebrate christmas: Introducing "acculturation trade-offs" [J]. Journal of Business Research, 2018 (82): 290-299.

[152] WALLENDORF M, ARNOULD E J. "We gather together": Consumption rituals of thanksgiving day [J]. Journal of Consumer Research, 1991, 18 (1): 13-31.

[153] ROOK D W. The ritual dimension of consumer behavior [J]. Journal of Consumer Research, 1985, 12 (3): 251-264.

[154] KAPITÁNY R, NIELSEN M. Adopting the ritual stance: The role of opacity and context in ritual and everyday actions [J]. Cognition, 2015 (145): 13-29.

[155] CARLBORG P, KINDSTRÖM D. Service process modularization and modular strategies [J]. The Journal of Business & Industrial Marketing, 2014, 29 (4): 313-323.

[156] SIEHL C, BOWEN D E, PEARSON C M. Service encounters as rites

of integration: An information processing model [J]. Organization Science, 1992, 3 (4): 537-555.

[157] HOBSON N M, SCHROEDER J, RISEN J L, et al. The psychology of rituals: An integrative review and process-based framework [J]. Personality and Social Psychology Review, 2018, 22 (3): 260-284.

[158] LONGSTAFF E. Ritual in online communities: A study of post-voting in MOOC discussion forums [J]. International Journal of Human-Computer Interaction, 2017, 33 (8): 655-663.

[159] SHARMA A, KUMAR V, BORAH S B. Ritualization: A strategic tool to position brands in international markets [J]. Journal of International Marketing, 2017, 25 (2): 1-24.

[160] FILSTAD C. How newcomers use role models in organizational socialization [J]. Journal of Workplace Learning, 2004, 16 (7): 396-409.

[161] BAUER T N, GREEN S G. Testing the combined effects of newcomer information seeking and manager behavior on socialization [J]. Journal of Applied Psychology, 1998, 83 (1): 72-83.

[162] JONES G R. Socialization tactics, self-efficacy, and newcomers' adjustments to organizations [J]. The Academy of Management Journal, 1986, 29 (2): 262-279.

[163] KHODAKARAMI F, CHAN Y E. Exploring the role of customer relationship management (CRM) systems in customer knowledge creation [J]. Information & Management, 2014, 51 (1): 27-42.

[164] RIZZO J R, HOUSE R J, LIRTZMAN S I. Role conflict and ambiguity in complex organizations [J]. Administrative Science Quarterly, 1970, 15 (2): 150-163.

[165] CHAO G T, O'LEARY-KELLY A M, WOLF S, et al. Organizational socialization: Its content and consequences [J]. Journal of Applied Psychology, 1994, 79 (5): 730-743.

[166] COOTE L V, PRICE E, ACKFELDT A. An investigation into the an-

tecedents of goal congruence in retail-service settings [J]. Journal of Services Marketing, 2004, 18 (7): 547-559.

[167] BEARDEN W O, NETEMEYER R G, TEEL J E. Measurement of consumer susceptibility to interpersonal influence [J]. Journal of Consumer Research, 1989, 15 (4): 473-481.

[168] GROTH M. Customers as good soldiers: Examining citizenship behaviors in internet service deliveries [J]. Journal of Management, 2005, 31 (1): 7-27.

[169] KELLEY S W, SKINNER S J, DONNELLY JR J H. Organizational socialization of service customers [J]. Journal of Business Research, 1992, 25 (3): 197-214.

[170] DELLANDE S, GILLY M C, GRAHAM J L. Gaining compliance and losing weight: The role of the service provider in health care services [J]. Journal of Marketing, 2004, 68 (3): 78-91.

[171] VISWANATHAN M , CHILDERS T L, MOORE E S. The measurement of intergenerational communication and influence on consumption: Development, validation, and cross-cultural comparison of the IGEN scale [J]. Journal of the Academy of Marketing Science, 2000, 28 (3): 406-424.

[172] MOSCHIS G P, MOORE R L. Decision making among the young: A socialization perspective [J]. Journal of Consumer Research, 1979, 6 (2): 101-112.

[173] LUO Y D. Guanxi: Principles, philosophies, and implications [J]. Human Systems Management, 1997, 16 (1): 43-51.

[174] ZHUANG G, TSANG A S L. A study on ethically problematic selling methods in china with a broaden concept of gray-marketing [J]. Journal of Business Ethics, 2008, 79 (1-2): 85-101.

[175] SHOU Z, GUO R, ZHANG Q, et al. The many faces of trust and guanxi behavior: Evidence from marketing channels in China [J]. Industrial Marketing Management, 2011, 40 (4): 503-509.

[176] LEE D J, PAE J H, WONG Y H. A model of close business relationships in China (Guanxi) [J]. European Journal of Marketing, 2001, 35 (1-2): 51-69.

[177] LEE D Y, DAWES P L. Guanxi, trust, and long-term orientation in Chinese business markets [J]. Journal of International Marketing, 2005, 13 (2): 28-56.

[178] LEUNG T K P, LAI K, CHAN R Y K, et al. The roles of xinyong and guanxi in Chinese relationship marketing [J]. European Journal of Marketing, 2005, 39 (5-6): 528-559.

[179] GOLD T, GUTHRIE D, WANK D. Social connections in China: Institutions, culture, and the changing nature of guanxi [M]. Cambridge: Cambridge University Press, 2002.

[180] HEIDE J B. Interorganizational governance in marketing channels [J]. Journal of Marketing, 1994, 58 (1): 71-85.

[181] PONCIN I, GAMIER M. Immersion in a new commercial virtual environment: The role of the avatar in the appropriation process [J]. Advances in Consumer Research, 2012 (40): 475-483.

[182] ETGAR M. A descriptive model of the consumer co-production process [J]. Journal of the Academy of Marketing Science, 2008, 36 (1): 97-108.

[183] SCHULTZE U, BHAPPU A D. Internet-based customer collaboration: Dyadic and community-based modes of co-production [M]. Hershey: IGI Global, 2008.

[184] BETTENCOURT L A, OSTROM A L, BROWN S W, et al. Client co-production in knowledge-intensive business services [J]. California Management Review, 2002, 44 (4): 100-128.

[185] GRUEN T W, SUMMERS J O, ACITO F. Relationship marketing activities, commitment, and membership behaviors in professionals associations [J]. Journal of Marketing, 2000, 64 (3): 34-49.

[186] DAGGER T S, SWEENEY J C, JOHNSON L W. A hierarchical model

of health service quality: Scale development and investigation of an integrated model [J]. Journal of Service Research, 2007, 10 (2): 123-142.

[187] ARNOULD E, PRICE L L. River magic: Extraordinary experience and the extended service encounter [J]. Journal of Consumer Research, 1993, 20 (1): 24-45.

[188] AGARWAL R, SELEN W. Dynamic capability building in service value networks for achieving service innovation [J]. Decision Sciences, 2009, 40 (3): 431-475.

[189] OJASALO K. Customer influence on service productivity [J]. SAM Advanced Management Journal, 2003, 68 (3): 14-19.

[190] LUO Y, LIU Y, YANG Q, et al. Improving performance and reducing cost in buyer-supplier relationships: The role of justice in curtailing opportunism [J]. Journal of Business Research, 2015, 68 (3): 607-615.

[191] AUH S, BELL S J, MCLEOD C S, et al. Co-production and customer loyalty in financial services [J]. Journal of Retailing, 2007, 83 (3): 359-370.

[192] LAM S Y, SHANKAR V, ERRAMILLI M K, et al. Customer value, satisfaction, loyalty, and switching costs: An illustration from a business-to-business service context [J]. Journal of the Academy of Marketing Science, 2004, 32 (3): 293-311.

[193] SIRGY M J, LEE D J, RAHTZ D. Research on Consumer Well-Being (CWB): Overview of the field and introduction to the special issue [J]. Journal of Macromarketing, 2007, 27 (4): 341-349.

[194] BANDURA A. Self-efficacy: Toward a unifying theory of behavioral change [J]. Psychological Review, 1977, 84 (2): 191-215.

[195] ZHANG J X, SCHWARZER R. Measuring optimistic self-beliefs: A Chinese adaptation of the general self-efficacy scale [J]. Psychologia, 1995, 38 (3): 174 -181.

[196] DESMIDT S, MEYFROODT K. What motivates politicians to use stra-

tegic plans as a decision-making tool? Insights from the theory of planned behavior [J]. Public Management Review, 2021, 23 (3): 447-474.

[197] YIM C K, CHAN K W, LAM S S K. Do customers and employees enjoy service participation? Synergistic effects of self-and other-efficacy [J]. Journal of Marketing, 2012, 76 (6): 121-140.

[198] FAST N J, BURRIS E R, BARTEL C A. Managing to stay in the dark: Managerial self-efficacy, ego defensiveness, and the aversion to employee voice [J]. The Academy of Management Journal, 2014, 57 (4): 1013-1034.

[199] LAVIGNE G L, VALLERAND R J, CREVIER-BRAUD L. The fundamental need to belong [J]. Personality and Social Psychology Bulletin, 2011, 37 (9): 1185-1201.

[200] GAGNE M. Autonomy support and need satisfaction in the motivation and well-being of gymnasts [J]. Journal of Applied Sport Psychology, 2003, 15 (4): 372-390.

[201] KING R B. Sense of relatedness boosts engagement, achievement, and well-being: A latent growth model study [J]. Contemporary Educational Psychology, 2015 (42): 26-38.

[202] SNYDER C R, FROMKIN H L. Abnormality as a positive characteristic: The development and validation of a scale measuring need for uniqueness [J]. Journal of Abnormal Psychology, 1977, 86 (5): 518-527.

[203] SNYDER C R. Product scarcity by need for uniqueness interaction: A consumer catch-22 carousel [J]. Basic and Applied Social Psychology, 1992, 13 (1): 9-24.

[204] TIAN K T, BEARDEN W O, HUNTER G L. Consumer's need for uniqueness: Scale development and validation [J]. Journal of Consumer Research. 2001, 28 (1): 50-66.

[205] LYNN M, HARRIS J. Individual difference in the pursuit of self-uniqueness through consumption [J]. Journal of Applied Social Psychology, 1997, 27 (21): 1861-1883.

[206] SIMONSON I, NOWLIS S M. The role of explanations and need for uniqueness in consumer decision making: Unconventional choices based on reasons [J]. Journal of Consumer Research, 2000, 27 (1): 49-68.

[207] BUUNK A P, GIBBONS F X. Social comparison: The end of a theory and the emergence of a field [J]. Organizational Behavior and Human Decision Processes, 2007, 102 (1): 3-21.

[208] GIBBONS F X, BUUNK B P. Individual differences in social comparison: Development of a scale of social comparison orientation [J]. Journal of Personality and Social Psychology, 1999, 76 (1): 129-142.

[209] YANG C. Instagram use, loneliness, and social comparison orientation: Interact and browse on social media, but dont compare [J]. Cyberpsychology, Behavior, and Social Networking, 2016, 19 (12): 703-708.

[210] CALLAN M J, KIM H, MATTHEWS W J. Age differences in social comparison tendency and personal relative deprivation [J]. Personality and Individual Differences, 2015 (87): 196-199.

[211] BUUNK B P, BRENNINKMEIJER V. When individuals dislike exposure to an actively coping role model: Mood change as related to depression and social comparison orientation [J]. European Journal of Social Psychology, 2001, 31 (5): 537-548.

[212] COBB S. Social support as a moderator of life stress [J]. Psychosomatic Medicine, 1976, 38 (5): 300-314.

[213] DECI E L, RYAN R M. Handbook of self-determination research [M]. Rochester: University of Rochester Press, 2002.

[214] CHIRKOV V I, RYAN R M, KIM Y, et al. Differentiating autonomy from individualism and independence: A self-determinatin theory perspective on internalization of cultural orientations and well-being [J]. Journal of Personality and Social Psychology, 2003, 84 (1): 97-110.

[215] HARDRÉ P L, REEVE J. Training corporate managers to adopt a more autonomy-supportive motivating style toward employees: An intervention study

[J]. International Journal of Training and Development, 2009, 13 (3): 165-184.

[216] VOHS K D, WANG Y, GINO F, et al. Rituals enhance consumption [J]. Psychological Science, 2013, 24 (9): 1714-1721.

[217] UNDERWOOD R, BOND E, BAER R. Building service brands via social identity: Lessons from the sports marketplace [J]. Journal of Marketing Theory and Practice, 2001, 9 (1): 1-13.

[218] FURBY L. Understanding the psychology of possession and ownership: A personal memoir and an appraisal of our progress [J]. Journal of Social Behavior and Personality, 1991, 6 (6): 457-463.

[219] CARÙ A, COVA B. How to facilitate immersion in a consumption experience: Appropriation operations and service elements [J]. Journal of Consumer Behaviour, 2006, 5 (1): 4-14.

[220] VAN DYNE L, PIERCE J L. Psychological ownership and feelings of possession: Three field studies predicting employee attitudes and organizational citizenship behavior [J]. Journal of Organizational Behavior, 2004, 25 (4): 439-459.

[221] PIERCE J L, KOSTOVA T, DIRKS K T. The state of psychological ownership: Integrating and extending a century of research [J]. Review of General Psychology, 2003, 7 (1): 84-107.

[222] MICK D G, PETTIGREW S, PECHMANN C C, et al. Transformative consumer research for personal and collective well-being [M]. New York: Taylor & Francis, 2012.

[223] BEGGAN J K. On the social nature of nonsocial perception: The mere ownership effect [J]. Journal of Personality and Social Psychology, 1992, 62 (2): 229-237.

[224] NUTTIN J M. Affective consequences of mere ownership: The name letter effect in twelve European languages [J]. European Journal of Social Psychology, 1987, 17 (4): 381-402.

[225] PREACHER K J, RUCKER D D, HAYES A F. Addressing moderated mediation hypotheses: Theory, methods, and prescriptions [J]. Multivariate Behavioral Research, 2007, 42 (1): 185-227.

[226] VANCOUVER J B, SCHMITT N W. An exploratory examination of person-organization fit: Organizational goal congruence [J]. Personnel Psychology, 1991, 44 (2): 333-352.

[227] BAUER T N, BODNER T, ERDOGAN B, et al. Newcomer adjustment during organizational socialization: A meta-analytic review of antecedents, outcomes, and methods [J]. Journal of Applied Social Psychology, 2007, 92 (3): 707-721.

[228] ILARDI B C, LEONE D, KASSER T, et al. Employee and supervisor ratings of motivation: Main effects and discrepancies associated with job satisfaction and adjustment in a factory setting [J]. Journal of Applied Social Psychology, 1993, 23 (21): 1789-1805.

[229] BANDURA A. Social cognitive theory: An agentic perspective [J]. Annual Review of Psychology, 2001, 52 (1): 1-26.

[230] AHEARNE M, BHATTACHARYA C B, GRUEN T. Antecedents and consequences of customer-company identification: Expanding the role of relationship marketing [J]. Journal of Applied Psychology, 2005, 90 (3): 574-585.

[231] LUSCH R F, VARGO S L, MALTER A J. Marketing as service-exchange: Taking a leadership role in global marketing management [J]. organizational dynamics, 2006, 35 (3): 264-278.

[232] PRAHALAD C K, RAMASWAMY V. Co-creation experiences: The next practice in value creation [J]. Journal of Interactive Marketing, 2004, 18 (3): 5-14.

[233] VARGO S L, LUSCH R F. Consumers' evaluative reference scales and social judgment theory: A review and exploratory study [J]. Review of maketing research, 2017 (1): 245-284.

[234] KANSKE P, BÖCKLER A, TRAUTWEIN F M, et al. Are strong em-

pathizers better mentalizers? Evidence for independence and interaction between the routes of social cognition [J]. Social Cognitive and Affective Neuroscience, 2016, 11 (9): 1383-1392.

[235] DE KEYSER A, LARIVIERE B. How technical and functional service quality drive consumer happiness: Moderating influences of channel usage [J]. Journal of Service Management, 2014, 25 (1): 30-48.

[236] LYUBOMIRSKY S, SHELDON K M, SCHKADE D. Pursuing happiness: The architecture of sustainable change [J]. Review of General Psychology, 2005, 9 (2): 111-131.

[237] TIAN K T, MC KENZIE K. The long-term predictive validity of the consumers' need for uniqueness scale [J]. Journal of Consumer Psychology, 2001, 10 (3): 171-193.

[238] ZOU D, JIN L, HE Y, et al. The effect of the sense of power on Chinese consumers' uniqueness-seeking behavior [J]. Journal of International Consumer Marketing, 2014, 26 (1): 14-28.

[239] BOZKURT S, GLIGOR D. Scarcity (versus popularity) cues for rejected customers: The impact of social exclusion on cue types through need for uniqueness [J]. Journal of Business Research, 2019 (99): 275-281.

[240] WANG C L. Guanxi vs. relationship marketing: Exploring underlying differences [J]. Industrial Marketing Management, 2007, 36 (1): 81-86.

[241] FUHR K, HAUTZINGER M, MEYER T D. Are social comparisons detrimental for the mood and self-esteem of individuals with an affective disorder? [J]. Cognitive Therapy and Research, 2015, 39 (3): 279-291.

[242] HYDE L W, GORKA A, MANUCK S B, et al. Perceived social support moderates the link between threat-related amygdala reactivity and trait anxiety [J]. Neuropsychologia, 2011, 49 (4): 651-656.

[243] MIKULINCER M, SHAVER P R. An attachment and behavioral systems perspective on social support [J]. Journal of Social and Personal Relationships, 2009, 26 (1): 7-19.

[244] COHEN K, CAIRNS D. Is searching for meaning in life associated with reduced subjective well-being? Confirmation and possible moderators [J]. Journal of Happiness Studies, 2012, 13 (2): 313-331.

[245] RICE K G. Attachment in adolescence: A narrative and meta-analytic review [J]. Journal of Youth and Adolescence, 1990, 19 (5): 511-538.

[246] DATU J A D. Personality traits and paternal parenting style as predictive factors of career choice [J]. Academic Research International, 2012, 3 (1): 118-124.

[247] LEE R M, DEAN B L, JUNG K R. Social connectedness, extraversion, and subjective well-being: Testing a mediation model [J]. Personality and Individual Differences, 2008, 45 (5): 414-419.

[248] CHEN H, SUN H, DAI J. Peer support and adolescents' physical activity: The mediating roles of self-efficacy and enjoyment [J]. Journal of Pediatric Psychology, 2017, 42 (5): 569-577.

[249] STEWART T L, CHIPPERFIELD J G, RUTHIG J C, et al. Downward social comparison and subjective well-being in late life: The moderating role of perceived control [J]. Aging & Mental Health, 2013, 17 (3): 375-385.

[250] LEE S Y. How do people compare themselves with others on social network sites? The case of Facebook [J]. Computers in Human Behavior, 2014 (32): 253-260.

[251] VOGEL E A, ROSE J P, OKDIE B M, et al. Who compares and despairs? The effect of social comparison orientation on social media use and its outcomes [J]. Personality and Individual Differences, 2015 (86): 249-256.

[252] CHASE R B. Where does the customer fit in a service operation? [J]. Harvard Business Review, 1978, 56 (6): 137-142.

[253] ARMSTRONG J S, OVERTON T S. Estimating nonresponse bias in mail survey [J]. Journal of Marketing Research, 1977, 14 (7): 396-402.

附录1　服务仪式对消费者幸福感影响的调查问卷

尊敬的女士/先生：

您好！非常感谢您在百忙之中参与我们的调研。此次调研是为探讨服务仪式与消费者幸福感间的关系，所得资料仅用于撰写学术研究，您所填答的内容我们将绝对保密，毫不外泄，请您放心填写。答案没有对错之分，请您结合自身真实情况和感受作答。对于您的热心参与以及对我们研究的鼎力支持，在此我们向您致以诚挚的谢意和衷心的祝福，祝您工作/学习顺利，生活幸福！

服务仪式是商家或服务人员在服务中进行的一系列具有仪式感的互动行为或活动，来表达美好祝福、传递品牌理念等。如餐饮商家推出的活动（海底捞的甩面、生日服务），旅游景点的演出和活动（如孔庙新年祈福），各种主题酒店和主题餐厅的环境布置和人员服装等。在您的日常服务消费中，某次服务经历可能会让您体验到仪式感，给您留下深刻的印象，请您回忆近期带给您这样感受的一次服务消费经历，回答以下问题。

第一部分　您的服务消费经历情况

1. 您回忆起的这次服务消费活动的类型是：

□美容美发　□休闲娱乐　□旅游　□餐馆就餐　□其他

2. 您进行这项服务消费的次数是：

□仅1次　□2~5次　□6~9次　□10次及以上

3. 您在服务仪式互动中的角色是：

□主要参与　□共同参与　□观察者（未直接参与）

第二部分　您的服务消费感受

请结合您在服务消费经历中的感受对下列观点的同意程度进行评价，1 表示“非常不同意”，5 表示“非常同意”。

1. 这次服务消费让您感受到：

序号	题项内容	非常不同意	比较不同意	一般	比较同意	非常同意
SR1	我认为此次服务互动形式很特殊	1	2	3	4	5
SR2	我认为此次服务具有仪式化色彩	1	2	3	4	5
SR3	我认为此次服务让我印象深刻	1	2	3	4	5
SA1	我了解我在服务中扮演的角色	1	2	3	4	5
SA2	我能够意识到商家或服务人员为我提供的是什么样的服务	1	2	3	4	5
SA3	在服务中，我根据自己的需求创造（选择）我个人的服务内容和方式	1	2	3	4	5
SA4	在服务中我感到对服务的拥有感	1	2	3	4	5
SA5	在服务中我可以做我自己想做的	1	2	3	4	5
SA6	在服务中我感受到对服务的掌握和控制	1	2	3	4	5
SA7	在服务中我表达了自己的需要和期望	1	2	3	4	5
SA8	我认为这是属于我的服务	1	2	3	4	5

2. 您对服务感知的幸福程度：

序号	题项内容	非常不同意	比较不同意	一般	比较同意	非常同意
CS1	这次消费让我能买到自己喜欢的服务	1	2	3	4	5
CS2	这次服务消费让我感到知足	1	2	3	4	5
CS3	服务消费过程中感觉自己受到尊重和重视	1	2	3	4	5
CS4	这次服务消费让我感到超值	1	2	3	4	5
CS5	这次服务消费让我感到满意	1	2	3	4	5
CS6	这次服务消费让我感到满足	1	2	3	4	5

续 表

序号	题项内容	非常不同意	比较不同意	一般	比较同意	非常同意
PA1	这次服务消费让我感到愉快	1	2	3	4	5
PA2	这次服务消费让我感到惊喜	1	2	3	4	5
PA3	这次服务消费让我感到轻松	1	2	3	4	5
PA4	这次服务消费让我感到开心	1	2	3	4	5
PA5	这次服务消费让我感到享受	1	2	3	4	5

3. 您对自己的看法是：

序号	题项内容	非常不同意	比较不同意	一般	比较同意	非常同意
RN1	我想通过微信或电话语音联系朋友们	1	2	3	4	5
RN2	我想花时间和密友相处	1	2	3	4	5
RN3	我想约朋友们出去	1	2	3	4	5
RN4	我想给朋友们发信息	1	2	3	4	5
RN5	我想和朋友或某个重要的人一起计划点什么	1	2	3	4	5

第三部分　您的基本资料

此部分是关于您个人的基本情况，仅供统计分析使用，请您放心作答。

1. 您的性别：

□男　　□女

2. 您的年龄：

□18 岁以下　□18~25 岁　□26~35 岁　□36~45 岁　□46 岁以上

3. 您的教育背景：

□大专以下　　□大专　　□本科　　□研究生及以上

4. 您的职业：

□学生　　　　□企业职员　　□公务员/事业单位人员

□自由职业者　□个体经营者　□其他

5. 您的月可支配收入情况：

□2000 元以下　□2000～3999 元

□4000～5999 元　□6000～7999 元

□8000 元及以上

再次感谢您的支持！

附录 2　消费者组织社会化对消费者幸福感影响的调查问卷

尊敬的女士/先生：

您好！非常感谢您在百忙之中参与我们的调研。此次调研是为探讨消费者组织社会化与消费者幸福感间的关系，所得资料仅用于撰写学术研究，您所填答的内容我们将绝对保密，毫不外泄，请您放心填写。答案没有对错之分，请您结合自身真实情况和感受作答。对于您的热心参与以及对我们研究的鼎力支持，在此我们向您致以诚挚的谢意和衷心的祝福，祝您工作/学习顺利，生活幸福！

消费者组织社会化是消费者在消费体验过程中获得实现其在组织中预期角色的必要行为、技能和价值观。具体而言，包括清楚并理解自己所要完成的任务，具备完成工作所需的技能，对自己目标的感知和价值观与服务企业的价值观一致。在现实生活中，您可能会使用不同的网络服务平台来购买产品或服务，例如，在淘宝网购物、在移动网上营业厅选择套餐、在网上银行购买理财产品等。请您结合以往令您印象深刻的网络服务消费经历和体验回答以下问题。

第一部分　网络服务平台使用情况

1. 令您印象深刻的网络服务平台的类型是：

□在线购物（如淘宝网等）

□在线旅游服务（如途牛旅游网等）

□在线通信服务（如中国移动网上营业厅等）

□在线医疗服务（如好大夫在线等）

□在线金融服务（如网上银行、手机银行等）

□网络教育服务（如新东方网校等）

□其他

2. 您使用该网络服务平台的时间：

□1 年以下 □1~2 年 □2~3 年

□3~4 年 □4 年以上

3. 您每月使用该网络服务平台的次数是：

□1~5 次 □6~10 次 □11~15 次

□16~20 次 □20 次以上

第二部分 您的服务消费感受

请结合您以往使用网络服务平台时的服务消费经历和体验对下列观点的同意程度进行评价，1 表示“非常不同意”，5 表示“非常同意”。

1. 在服务消费中，您觉得：

序号	题项内容	非常不同意	比较不同意	一般	比较同意	非常同意
RC1	我清楚在服务消费过程中应该做哪些事	1	2	3	4	5
RC2	我很清楚服务企业对我的期望是什么	1	2	3	4	5
RC3	服务企业会告知我在服务消费过程中的表现如何	1	2	3	4	5
TM1	我觉得我有能力在服务消费过程中发挥我的作用	1	2	3	4	5
TM2	我已经学会了如何有效地执行我在服务中的任务	1	2	3	4	5
TM3	我已经掌握了在服务中成功执行的技能要求	1	2	3	4	5
GC1	我赞同这个服务企业的经营理念	1	2	3	4	5
GC2	我致力于实现服务企业的目标	1	2	3	4	5
GC3	我认为我个人的目标和服务企业的目标是一致的	1	2	3	4	5

2. 在服务中，您会：

序号	题项内容	非常不同意	比较不同意	一般	比较同意	非常同意
COMP1	我试着去做服务人员让我做的事	1	2	3	4	5
COMP2	我遵循服务人员的建议或指导，如采用推荐的付方式	1	2	3	4	5
COMP3	对于服务企业的任何书面或电话询问，我都会及时回复	1	2	3	4	5
INI1	我把服务指导和建议（例如：饮食建议等）应用在生活中	1	2	3	4	5
INI2	我积极向服务企业寻求服务决策方面的建议	1	2	3	4	5
INI3	我认为自己是服务企业的积极参与者	1	2	3	4	5
INI4	我通过对话或书面函件提供关于该服务消费的反馈	1	2	3	4	5
CV1	我会主动与服务企业沟通服务中潜在的相关问题	1	2	3	4	5
CV2	我就如何改进该企业的服务提出了建议	1	2	3	4	5
CV3	我让服务企业知道怎样才能更好地满足我的需要	1	2	3	4	5

3. 您对服务感知的幸福程度：

序号	题项内容	非常不同意	比较不同意	一般	比较同意	非常同意
CS1	这次消费让我能买到自己喜欢的服务	1	2	3	4	5
CS2	这次服务消费让我感到知足	1	2	3	4	5
CS3	服务消费过程中感觉自己受到尊重和重视	1	2	3	4	5
CS4	这次服务消费让我感到超值	1	2	3	4	5
CS5	这次服务消费让我感到满意	1	2	3	4	5
CS6	这次服务消费让我感到满足	1	2	3	4	5
PA1	这次服务消费让我感到愉快	1	2	3	4	5

续 表

序号	题项内容	非常不同意	比较不同意	一般	比较同意	非常同意
PA2	这次服务消费让我感到惊喜	1	2	3	4	5
PA3	这次服务消费让我感到轻松	1	2	3	4	5
PA4	这次服务消费让我感到开心	1	2	3	4	5
PA5	这次服务消费让我感到享受	1	2	3	4	5

4. 您对自己的看法是：

序号	题项内容	非常不同意	比较不同意	一般	比较同意	非常同意
NU1	我被稀有物品所吸引	1	2	3	4	5
NU2	我倾向于做一个时尚的领导者而不是一个时尚的跟随者	1	2	3	4	5
NU3	如果产品稀缺，我更有可能购买	1	2	3	4	5
NU4	我喜欢定做的东西，而不喜欢现成的东西	1	2	3	4	5
NU5	我喜欢拥有别人没有的东西	1	2	3	4	5
NU6	我很少错过为我购买的产品或服务定制功能的机会	1	2	3	4	5
NU7	我喜欢在别人之前尝试新的产品和服务	1	2	3	4	5
NU8	我喜欢在那些提供不同寻常的产品或服务的商家消费	1	2	3	4	5

第三部分　您的基本资料

此部分是关于您个人的基本情况，仅供统计分析使用，请您放心作答。

1. 您的性别：

□男　　□女

2. 您的年龄：

□25 岁以下　□26~35 岁　□36~45 岁　□46~55 岁　□56 岁及以上

3. 您的婚姻情况：

□已婚 □未婚 □其他

4. 您的职业：

□企业职员 □公务员/事业单位人员 □自由职业者

□个体经营者 □学生 □其他

5. 您的家庭成员除自己外，还包括：

□配偶 □子女 □老人 □子女与老人 □配偶与子女

□配偶与老人 □配偶、子女和老人 □无

6. 您的教育背景：

□高中/中专以下 □高中/中专 □大专

□本科 □研究生及以上

7. 您的月可支配收入情况：

□2000 元以下 □2000~3999 元

□4000~5999 元 □6000 元及以上

再次感谢您的支持！

附录3　个人关系对消费者幸福感影响的调查问卷

尊敬的女士/先生：

您好！非常感谢您在百忙之中参与我们的调研。此次调研是为探讨服务人员和消费者的个人关系与消费者幸福感间的关系，所得资料仅用于撰写学术研究，您所填答的内容我们将绝对保密，毫不外泄，请您放心填写。答案没有对错之分，请您结合自身真实情况和感受作答。对于您的热心参与以及对我们研究的鼎力支持，在此我们向您致以诚挚的谢意和衷心的祝福，祝您工作/学习顺利，生活幸福！

个人关系是通过人与人之间的联系或人际交往形成的对关系各方都有影响的一种联系。请您根据您在服务消费中与服务人员的关系以及服务消费感受回答以下问题。

第一部分　您的服务消费经历情况

1. 您参加的服务项目是：

□瘦身咨询　□健身　□跆拳道培训　□英语培训　□其他

2. 您每月参加该项服务的次数是：

□仅 1 次　□2~5 次　□6~9 次　□10 次及以上

第二部分　您的服务消费感受

请结合您在服务项目中的感受对下列观点的同意程度进行评价，1 表示“非常不同意”，5 表示“非常同意”。

1. 您与服务人员在这项服务项目中的接触和交流，让您感受到：

序号	题项内容	非常不同意	比较不同意	一般	比较同意	非常同意
RQ1	如果服务人员以前帮我忙，我也会帮他的忙	1	2	3	4	5
RQ2	如果我以前帮服务人员忙，他也会帮我忙	1	2	3	4	5
MZ1	我和服务人员都很在乎面子	1	2	3	4	5
MZ2	我获得的尊重越多，越有面子	1	2	3	4	5
MZ3	我给服务人员面子，他也给我面子	1	2	3	4	5
GQ1	服务人员有时给我一些纪念品	1	2	3	4	5
GQ2	当有促销等活动时，他给我们感谢卡片	1	2	3	4	5
GQ3	他是我的好朋友，我们彼此真心为对方着想	1	2	3	4	5
GQ4	我喜欢这位服务人员，他也喜欢我	1	2	3	4	5

2. 您对自己的评价是：

序号	题项内容	完全不正确	有点正确	多数正确	完全正确
SE1	遇到问题时，我总是能尽力去做，总能够解决	1	2	3	4
SE2	面对别人的反对，我仍有办法得到我想要的结果	1	2	3	4
SE3	我认为达成理想目标并不难	1	2	3	4
SE4	我相信自己能够有效地应对各种突然到来的事	1	2	3	4
SE5	凭我的能力，我能够应付意外情况	1	2	3	4
SE6	如果我付出必要的努力，我就能解决大部分遇到的难题	1	2	3	4
SE7	我相信自己处理问题的能力，因此面对困难我能保持冷静	1	2	3	4
SE8	当生活中遇到困难，我经常能找到不止一个解决办法	1	2	3	4
SE9	遇到麻烦的问题时，我相信自己能够找到症结所在并加以解决	1	2	3	4
SE10	不管遇到什么事，我都能应付	1	2	3	4

3. 您对服务感知的幸福程度：

序号	题项内容	非常不同意	比较不同意	一般	比较同意	非常同意
CS1	这次消费让我能买到自己喜欢的服务	1	2	3	4	5
CS2	这次服务消费让我感到知足	1	2	3	4	5
CS3	服务消费过程中感觉自己受到尊重和重视	1	2	3	4	5
CS4	这次服务消费让我感到超值	1	2	3	4	5
CS5	这次服务消费让我感到满意	1	2	3	4	5
CS6	这次服务消费让我感到满足	1	2	3	4	5
PA1	这次服务消费让我感到愉快	1	2	3	4	5
PA2	这次服务消费让我感到惊喜	1	2	3	4	5
PA3	这次服务消费让我感到轻松	1	2	3	4	5
PA4	这次服务消费让我感到开心	1	2	3	4	5
PA5	这次服务消费让我感到享受	1	2	3	4	5

4. 您对自己的看法：

序号	题项内容	非常不同意	比较不同意	一般	比较同意	非常同意
SC1	我常常把自己所爱的人（男朋友或女朋友、家庭成员等）与他人进行比较	1	2	3	4	5
SC2	我总是非常关注自己与他人做事方式的区别	1	2	3	4	5
SC3	如果我想知道我做得如何，我就把自己做的和其他人做的进行比较	1	2	3	4	5
SC4	我常常就社交（社交技能、受欢迎程度）与其他人进行比较	1	2	3	4	5
SC5	我经常和他人比较	1	2	3	4	5
SC6	我常常将发生在自己身上的事与其他人比较	1	2	3	4	5
SC7	我常常和他人谈论想到的观点和经验	1	2	3	4	5
SC8	我常常试图发现当别人面临和我相似的问题时，他会想什么	1	2	3	4	5

续 表

序号	题项内容	非常不同意	比较不同意	一般	比较同意	非常同意
SC9	总是想知道相似的情境下别人会怎么做	1	2	3	4	5
SC10	如果我想获悉更多关于某事的信息，我会试图找出其他人对此的想法	1	2	3	4	5
SC11	我经常将自己生活中的处境与他人比较	1	2	3	4	5

第三部分　您的基本资料

此部分是关于您个人的基本情况，仅供统计分析使用，请您放心作答。

1. 您的性别：

□男　　□女

2. 您的年龄：

□18 岁以下　□18~25 岁　□26~35 岁　□36~45 岁　□46 岁及以上

3. 您的教育背景：

□大专以下　□大专　□本科　□研究生及以上

4. 您的职业：

□公务员/事业单位人员　□企业职员　□个体经营者

□自由职业者　□学生　□其他

5. 您的月可支配收入情况：

□3000 元以下　□3000~4999 元

□5000~7999 元　□8000~9999 元

□10000 元及以上

再次感谢您的支持！